格致方法·定量研究系列　吴晓刚　主编

解决测量问题的 Rasch 模型：
社会科学中的不变性测量

[美]　乔治·恩格尔哈德（George Engelhard, Jr.）　　著
王珏（Jue Wang）

朱晓文 译

SAGE Publications, Inc.

格致出版社　　上海人民出版社

出版说明

　　由吴晓刚(原香港科技大学教授,现任上海纽约大学教授)主编的"格致方法·定量研究系列"丛书,精选了世界著名的 SAGE 出版社定量社会科学研究丛书,翻译成中文,起初集结成八册,于 2011 年出版。这套丛书自出版以来,受到广大读者特别是年轻一代社会科学工作者的热烈欢迎。为了给广大读者提供更多的方便和选择,该丛书经过修订和校正,于 2012 年以单行本的形式再次出版发行,共 37 本。我们衷心感谢广大读者的支持和建议。

　　随着与 SAGE 出版社合作的进一步深化,我们又从丛书中精选了三十多个品种,译成中文,以飨读者。丛书新增品种涵盖了更多的定量研究方法。我们希望本丛书单行本的继续出版能为推动国内社会科学定量研究的教学和研究作出一点贡献。

总 序

    2003 年,我赴港工作,在香港科技大学社会科学部教授研究生的两门核心定量方法课程。香港科技大学社会科学部自创建以来,非常重视社会科学研究方法论的训练。我开设的第一门课"社会科学里的统计学"(Statistics for Social Science)为所有研究型硕士生和博士生的必修课,而第二门课"社会科学中的定量分析"为博士生的必修课(事实上,大部分硕士生在修完第一门课后都会继续选修第二门课)。我在讲授这两门课的时候,根据社会科学研究生的数理基础比较薄弱的特点,尽量避免复杂的数学公式推导,而用具体的例子,结合语言和图形,帮助学生理解统计的基本概念和模型。课程的重点放在如何应用定量分析模型研究社会实际问题上,即社会研究者主要为定量统计方法的"消费者"而非"生产者"。作为"消费者",学完这些课程后,我们一方面能够读懂、欣赏和评价别人在同行评议的刊物上发表的定量研究的文章;另一方面,也能在自己的研究中运用这些成熟的方法论技术。

    上述两门课的内容,尽管在线性回归模型的内容上有少量重复，但各有侧重。"社会科学里的统计学"从介绍最基本的社会研究方法论和统计学原理开始，到多元线性回归模型结束，内容涵盖了描述性统计的基本方法、统计推论的原理、假设检验、列联表分析、方差和协方差分析、简单线性回归模型、多元线性回归模型，以及线性回归模型的假设和模型诊断。"社会科学中的定量分析"则介绍在经典线性回归模型的假设不成立的情况下的一些模型和方法，将重点放在因变量为定类数据的分析模型上，包括两分类的 logistic 回归模型、多分类 logistic 回归模型、定序 logistic 回归模型、条件 logistic 回归模型、多维列联表的对数线性和对数乘积模型、有关删节数据的模型、纵贯数据的分析模型，包括追踪研究和事件史的分析方法。这些模型在社会科学研究中有着更加广泛的应用。

修读过这些课程的香港科技大学的研究生，一直鼓励和支持我将两门课的讲稿结集出版，并帮助我将原来的英文课程讲稿译成了中文。但是，由于种种原因，这两本书拖了多年还没有完成。世界著名的出版社 SAGE 的"定量社会科学研究"丛书闻名遐迩，每本书都写得通俗易懂，与我的教学理念是相通的。当格致出版社向我提出从这套丛书中精选一批翻译，以飨中文读者时，我非常支持这个想法，因为这从某种程度上弥补了我的教科书未能出版的遗憾。

翻译是一件吃力不讨好的事。不但要有对中英文两种语言的精准把握能力，还要有对实质内容有较深的理解能力，而这套丛书涵盖的又恰恰是社会科学中技术性非常强的内容，只有语言能力是远远不能胜任的。在短短的一年时间里，我们组织了来自中国内地及香港、台湾地区的二十几位研究生参与了这项工程，他们当时大部分是香港科技大学的硕士和博士研究生，受过严格的社会科学统计方法的训练，也有来自美国等地对定量研究感兴趣的博士研究生。他们是香港科技大学社会科学部博士研究生蒋勤、李骏、盛智明、叶华、张卓妮、郑冰岛，硕士研究生贺光烨、李兰、林毓玲、肖东亮、辛济云、於嘉、余珊珊，应用社会经济研究中心研究员李俊秀；香港大学教育学院博士研究生洪岩璧；北京大学社会学系博士研究生李丁、赵亮员；中国人民大学人口学系讲师巫锡炜；中国台湾"中央"研究院社会学所助理研究员林宗弘；南京师范大学心理学系副教授陈陈；美国北卡罗来纳大学教堂山分校社会学系博士候选人姜念涛；美国加州大学洛杉矶分校社会学系博士研究生宋曦；哈佛大学社会学系博士研究生郭茂灿和周韵。

　　参与这项工作的许多译者目前都已经毕业，大多成为中国内地以及香港、台湾等地区高校和研究机构定量社会科学方法教学和研究的骨干。不少译者反映，翻译工作本身也是他们学习相关定量方法的有效途径。鉴于此，当格致出版社和SAGE出版社决定在"格致方法·定量研究系列"丛书中推出另外一批新品种时，香港科技大学社会科学部的研究生仍然是主要力量。特别值得一提的是，香港科技大学应用社会经济研究中心与上海大学社会学院自2012年夏季开始，在上海（夏季）和广州南沙（冬季）联合举办"应用社会科学研究方法研修班"，至今已经成功举办三届。研修课程设计体现"化整为零、循序渐进、中文教学、学以致用"的方针，吸引了一大批有志于从事定量社会科学研究的博士生和青年学者。他们中的不少人也参与了翻译和校对的工作。他们在繁忙的学习和研究之余，历经近两年的时间，完成了三十多本新书的翻译任务，使得"格致方法·定量研究系列"丛书更加丰富和完善。他们是：东南大学社会学系副教授洪岩璧，香港科技大学社会科学部博士研究生贺光烨、李忠路、王佳、王彦蓉、许多多，硕士研究生范新光、缪佳、武玲蔚、臧晓露、曾东林，原硕士研究生李兰，密歇根大学社会学系博士研究生王骁，纽约大学社会学系博士研究生温芳琪，牛津大学社会学系研究生周穆之，上海大学社会学院博士研究生陈伟等。

陈伟、范新光、贺光烨、洪岩璧、李忠路、缪佳、王佳、武玲蔚、许多多、曾东林、周穆之，以及香港科技大学社会科学部硕士研究生陈佳莹，上海大学社会学院硕士研究生梁海祥还协助主编做了大量的审校工作。格致出版社编辑高璇不遗余力地推动本丛书的继续出版，并且在这个过程中表现出极大的耐心和高度的专业精神。对他们付出的劳动，我在此致以诚挚的谢意。当然，每本书因本身内容和译者的行文风格有所差异，校对未免挂一漏万，术语的标准译法方面还有很大的改进空间。我们欢迎广大读者提出建设性的批评和建议，以便再版时修订。

我们希望本丛书的持续出版，能为进一步提升国内社会科学定量教学和研究水平作出一点贡献。

吴晓刚

于香港九龙清水湾

推荐语

令我印象深刻的是作者在这本小小的书中完美地涵盖了如此多的 Rasch 测量主题。在每一章中,作者通过例子介绍了与 Rasch 模型相关的测量理论和基本概念,为 Rasch 研究者和实践者提供了非常有用的参考。作者创建的表格和图表有助于读者更好地理解相关内容。本书是我所教授的 Rasch 模型课程的必读书目,我将推荐给我的研究生以及对应用 Rasch 模型感兴趣的同事。

——陈毅欣(Yi-Hsin Chen),南佛罗里达大学

这本书很好地讲述了 Rasch 模型的相关理论以及应用该模型的特定步骤。

——苏珊·安布特森(Susan Embretson),
佐治亚理工学院

对任何想了解 Rasch 测量为何不仅仅是一组统计模型的人而言,这本书是必读之作。Rasch 是一种测量理论,可以帮助实践者实现开发和使用量尺的核心目标。本书详细介

绍了和这些使用相关的内容。

——科琳·哈金斯-曼利（A. Corinne Huggins-Manley），

佛罗里达大学

　　这本书简洁而清晰地展示了如何基于 Rasch 测量理论开发和维护社会科学中所用到的量尺。使用构念图可以帮助我们更直观地理解关键的概念和过程，比如量尺开发和测量不变性。

——盛燕燕（Yanyan Sheng），芝加哥大学

目 录

序

    我很高兴为大家介绍乔治·恩格尔哈德和王珏合著的《解决测量问题的 Rasch 模型：社会科学中的不变性测量》（*Rasch Models for Solving Measurement Problems：Invariant Measurement in the Social Sciences*）。[①] 虽然一些研究者普遍认为 Rasch 模型和项目反应理论（item response theory, IRT）是一脉相承的，但本书的作者不这样认为。恩格尔哈德教授和王教授认为不变性测量（invariant measurement）的要求是一组必须被检验和验证的假设，这一点和项目反应理论有很大不同，项目反应理论的重点是如何最佳地拟合和再现数据。如书名所示，一个量尺的不变性是本书所关注的焦点。

    当模型和数据拟合良好时，个体（person）不变性和题目（item）不变性是 Rasch 模型的两个基本特性。个体不变性是指无论选用哪一组题目来测量个体的能力，能力强的个体在这些题目上都会表现得更好。题目不变性则意味着不管个

---

    ① 这里的"不变性测量"（invariant measurement）指的是测量值是客观的、恒定不变的。它与另一个术语"测量不变性"（measurement invariance）的区别在于前者指的是对测量的一个基本要求，而后者是测量的一个特性。——译者注

体的能力如何，他／她在容易的题目上成功作答的可能性都要高于相对较难的题目。以尺子为例来解释什么是不变性可能最容易被理解。无论用何种尺度的尺子来测量一个人的身高，测量出来的身高都是不变的；无论是用英尺还是米尺来测量，两个人的相对身高也是一样的。尺子还体现了Rasch 模型的另一个特征：单维性。

在这本书中，恩格尔哈德教授和王教授逐步介绍了Rasch 测量理论，涵盖了量尺的构建、评估、维护和使用。量尺的构建包含了定义潜变量、确定测量该潜变量的题目、设定评分规则，以及对怀特图（Wright map）（借助一种可视化方式来表示按照难度排序的题目）进行描述。对 Rasch 量尺的评估回答的是：一个特定的数据在多大程度上满足 Rasch 模型的前提条件，特别关注对测量不变性（measurement invariance）和题目功能差异（differential item functioning）的评估。在量尺维护的那一章，作者主要讨论了题目之间的互换性以及建立个体之间可比性的相关议题。关于量尺使用的章节则在测量不变性的情境下对照《教育和心理测验标准》（*Standards for Educational and Psychological Testing*）介绍了信度、效度和公平性这些基本概念。

《解决测量问题的 Rasch 模型：社会科学中的不变性测量》这本书的使用范围非常广泛。它既可以作为以测量或考试开发为主题的研究生课程的补充材料，也为感兴趣的从业者或者实践者了解 Rasch 测量理论提供了很好的参考。作者以粮食不安全经历（Food Insecurity Experience，FIE）量表为例，对相关知识点和技术做了详细的说明和演示。FIE 量表通过八道二分类题目（是／否）测量了"食物可获取性"，这个构念在美国内部以及世界各地的不同情景下都是有含义和可解释的。本书所用的样本数据和基于两个软件的程序语句都可以在线获得,一个是 Facets 程序,另一个是基于 R 软件的"每个人的 Rasch 测量分析"(Everyone's Rasch Measurement Analyzer,ERMA)程序。

正如恩格尔哈德教授和王教授为大家所展示的那样,Rasch 测量理论已被广泛地应用于心理学、教育学和健康等领域。毫无疑问,这些领域的研究者一定会对本书特别感兴趣。尽管如此,这本书所解决的测量问题是所有社会科学研究的基础,因此与广泛的专业人员有关。它值得在每位社会科学研究者的书架上占有一席之地。

芭芭拉·恩特威斯尔

前　言

本书的目标

　　本书旨在介绍关于 Rasch 测量理论的现有观点,重点介绍如何基于 Rasch 测量理论开发量尺。Rasch 测量理论代表了测量理论在范式上的变化,这种范式和经典测验理论(classical test theory, CTT)的范式完全不同,它创建了一个可以产生不变性测量的标定(scaling)框架。Rasch 量尺的开发包括四个部分:构建、评估、维护和使用。这些组成部分有助于我们解决在社会、行为和健康科学领域所遇到的实际测量问题。通过认真考虑 Rasch 测量理论对不变性测量的要求,我们对许多测量问题将会有更加深入的理解。我们最终的目标是鼓励读者和我们一起在社会科学研究中通过开发 Rasch 量尺来探寻不变性测量。

章节安排

　　第 1 章主要介绍不变性测量的基本要求。首先,简要讨论了 Rasch 测量理论作为一种测量体系，可用于解决社会科学中的实际测量问题。其次，介绍了创建 Rasch 量尺的几个构件，正是这些构件使得不变性测量成为可能。最后提出了四个测量问题，并展示了如何使用 Rasch 测量理论来解决这些问题。

第 2 章介绍了构建一个代表研究者感兴趣的潜变量的量尺所需的基础知识。利用不变性测量的要求，指导基于 Rasch 测量理论进行量尺构建的每一个模块。构建一个 Rasch 量尺的模块包括定义要测量的潜变量［构念（construct）］，设计观测指标（例如，题目或问题），设定一组评分规则，以及将 Rasch 模型应用于观测数据从而获得怀特图，以经验方式显示所构建的量尺。

第 3 章讨论了对测量一组题目和一个群体的 Rasch 量尺进行评估时所涉及的具体内容。不变性测量包括不随题目变化的对个体的测量（item-invariant person measurement）和不随个体变化的对题目的校标（person-invariant item calibration），这些不变性测量只有在获得良好的模型-数据拟合度（model-data fit）后才能实现。评估 Rasch 量尺的策略是把不变性测量在理论上的理想特征带入我们观测到的测量的现实世界中。

第 4 章介绍了在社会科学测量中遇到的一个重要而普遍的问题：我们如何维护量尺在各种条件下测量质量的稳定性？这部分内容把重点放在个体得分的可比性上。需要强调的是，我们视为不变的是潜变量和连续尺度之间的联系，而不是用于对量尺进行操作化的特定题目或个体。换句话说，我们维护量尺的目的是建立一个共同的度量尺度，以便不同的题目和量表经过调整,可以产生可比较的个体分数。

第 5 章讨论了《教育和心理测验标准》(AERA，APA，&NCME，2014)中的三大测验基石,分别是测验分数的效度、信度和公平性。研究者开发量表并将这些量表分数用于众多目的。其中一个目的是为政策提供信息,在政策制定中通常会在一个尺度上确定切割分数(分数线)或临界值,并据此来定义有序的类别。教育成就方面的例子包括在美国的全国教育进步评估(NAEP)中使用的学业表现水平,该水平分为三个等级:基础(Basic)、熟练(Proficient)和优异(Advanced)。批判性地评估量表分数是否可被用于指导与评估和测验相关的政策是非常重要的。

最后,我们在第 6 章总结了主要观点,并为有兴趣使用 Rasch 测量理论的读者指明了未来的发展方向。

本书的读者

本书的目标读者与 SAGE 的"社会科学中的定量应用"(QASS)系列丛书中其他书的目标读者是相同的。这些"小绿书"是面向学生、教师和研究人员而设计的——我们的贡献是针对相同的受众。

学习工具

这本书中所有的 Rasch 分析都是使用 Facets 计算机程序(Linacre，2018a)而得的。我们还开发了一个 R 程序——ERMA 程序,可以用它来获得 Rasch 模型的参数估计,并检查模型-数据拟合度。还有一组不断发展的 R 软件包可以用于 Rasch 分析，读者可以在网上搜索最新的软件包。

我们还创建了一个关于 Rasch 测量理论的在线模块（Wang & Engelhard，2019），该模块是国家教育测量委员会（NCME）所提供的 ITEMS 模块的一部分，可以从 NCME 网站免费获取。如果想了解 Rasch 软件（包括 Winsteps 和 Facets）的最新进展，Winsteps.com 网站仍然是一个重要的资源。Rasch 测量网站（www.rasch.org）是另一个探讨 Rasch 测量理论相关问题和进展的有用的网站。

数据

整本书使用了一个基于粮食不安全经历（FIE）量表的数据。这个量表包含了八道题目，每道题目编码均为二分变量（是＝1，否＝0）。我们选择了一个 40 人的样本数据来说明本书所涉及的概念。

线上资源

本书的 Facets 语句、ERMA 的 R 代码，以及样本数据均可从本书的网站上获取：https：//study. sagepub. com/researchmethods/qass/engelhard-rasch-models。

致　谢

以下学者审阅了本书书稿并提出了非常有价值的建议和意见，在此我们对他们表示衷心的感谢：

陈毅欣（Yi-Hsin Chen），南佛罗里达大学

苏珊·安布特森（Susan Embretson），佐治亚理工学院

本·汉森（Ben B. Hansen），密歇根大学

科琳·哈金斯-曼利（A. Corinne Huggins-Manley），佛罗里达大学

盛燕燕（Yanyan Sheng），芝加哥大学

第1章

绪 论

乔治·拉什在著作《测量智力和学业成就的概率模型》(*Probabilistic Models for Some Intelligence and Attainment Tests*)(Georg Rasch,1960/1980)中总结了他在测量方面的研究成果,其研究开启了社会科学关于测量的一种新范式。正如范·德·林登(van der Linden,2016)所言,要理解测量理论如何从经典测验理论发展到项目反应理论,我们必须阅读拉什这一著作的第 1 章。本书重点讲述拉什在理论和应用上对测量理论的贡献,以及如何将 Rasch 模型作为一个分析框架去解决一些重要的测量问题。此外,本书还强调了他对社会、行为和健康科学中的现代测量问题所做的持续性贡献。

拉什的哪些重要贡献为测量理论范式的转变奠定了基础呢? 首先,拉什认识到测量应该聚焦于个体。他说:"当今的统计方法都是以群体为中心的,因此亟须发展以个体为中心的统计方法。"(Rasch,1961:321)为解决这一问题,他针对以个体为中心的测量所特有的客观性提出了一组要求:

- 两个刺激(如题目)之间的比较应该独立于参与这种比较的特定个体;

- 这种比较还应该独立于所考虑的同一类别中的其他被比较或者可能被比较的刺激（如其他题目）。
- 同样，两个个体（被试）之间的比较应该独立于所考虑的同一类别中用于该比较的特定刺激（题目）；
- 它还应该独立于在同一场合或其他场合进行比较的其他个体（被试）。（Rasch，1961:331—332）

　　前两点表明，无论基于哪组个体，对题目（刺激）的校标或测量结果应该是不变的或恒定的，即"对题目的校标不随个体而变化"（person-invariant calibration of items）。而后两点则表明，无论选用哪组题目（刺激），对个体或被试的测量结果应该是不变的或恒定的，即"对个体的测量不随题目而变化"（item-invariant measurement of persons）。

　　其次，拉什提出了一个测量模型，以实现"对题目的校标不随个体而变化"和"对个体的测量不随题目而变化"。这一贡献是根本性的，因为它为题目和个体的分离提供了基础。这种分离使得对个体的评分可以独立于特定的题目，同时对题目位置（即难度）的估计可以独立于特定的个体。在关于项目反应理论的研究中，拉什强调个体在一道题目上正确作答的概率应该可以用题目难度和个体能力的一个简单函数来表示。

　　Rasch 测量理论还有一个重要贡献是它提供了一种哲学方法，强调测量有一套严格的要求，而数据可能符合也可能不符合 Rasch 测量模型的这些要求。这一点对实现实际数据的不变性测量是至关重要的。通过评估模型-数据拟合度去推翻一个模型，是 Rasch 测量理论特有的客观性需求的一个重要特征，也是实现不变性测量的途径。

　　本章首先简要回顾不变性测量在三种研究传统中的含义，这些研究传统对应着不同的测量理论；我们对不变性在每种传统中的作用进行了界定，并强调其对测量不变性的重要性。其次，我们将 Rasch 测量理论作为社会科学中获得不变性测量的框架进行了介绍。随后，概述了基于 Rasch 测量理论进行量尺开发的关键构件。接下来，我们对本书中所涉及的几个主要测量问题进行了介绍，包括对潜变量（latent variable）的定义、对题目功能差异（differential item functioning）的评估、对测量个体所用题目之间的互换性（interchangeability）的检验，以及通过标准设定方法创建测量个体表现的标准（临界分数）。本章的最后部分对本书所涉及的关键主题进行了概述。

第 1 节 │ **不变性测量**

> 科学家追求的是那些即便他们转过身仍然能够保
> 持不变的测量。

(Stevens, 1951:21)

本节简要地介绍用于组织测量理论主要观点的三种研究传统：测验分数(test score)传统、标定(scaling)传统和结构(structural)传统。我们将讨论这些传统是如何与不变性测量相联系的。最后，我们还将介绍如何把 Rasch 测量理论(标定传统)作为一个框架去理解不变性测量。

测量学的研究传统

为了理解测量理论以及不变性这一概念在 20 世纪的进展，我们首先应该了解主导该领域的三种广义范式或研究传统。第一个传统是以经典测验理论为代表的测验分数传统，第二个传统是反映在 Rasch 测量理论以及一般意义上的项目反应理论模型中的标定传统，第三个传统是一种以结构方程模型(SEM)为代表的结构传统。嵌入不同研究传统中的测量理论之间存在一些关键的区别，从而影响着每种传统对不变性的看法。这些区别体现在以下五个方面：(1)测量理论所关注的焦点；(2)所用模型的形式；(3)看待不变性的视角；(4)每种传统中的测量理论所要实现的首要目标；(5)测量模型的可视化方式。图 1.1 总结了嵌入这些研究传统中的测量理论之间的主要差异。

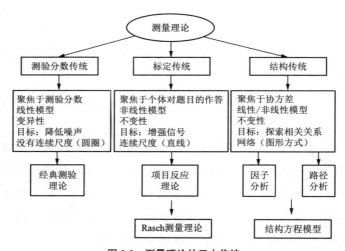

图 1.1　测量理论的三大传统

　　测验分数传统中的测量理论关注的焦点是测验总分（sum scores）。观测分数（O）被分解为真实分数（T）和误差分数（E）：$O=T+E$，可以看出，对观测到的测验分数所建立的统计模型是线性的。经典测验理论的定义和此相同——根据定义，该模型被假定为永远成立（Traub，1997）。测验分数传统中的测量理论关注的是测验分数的方差或变异性。其首要目标是减小测量误差，把与构念无关的潜在差异来源降到最少。总的来说，测验分数传统侧重于减少各种噪声或干扰因素。该传统对测量理论的可视化描述主要是通过维恩图（Venn diagrams）来展示测验分数差异的不同来源（Cronbach，Gleser，Nanda，& Rajaratnam，1972）。

标定传统中的测量理论主要关注每个个体对一套精心挑选的题目的详细作答。本书所介绍的 Rasch 测量理论就是标定传统的一种模型，它所对应的统计模型是非线性的概率模型。测验分数传统中的许多测量模型本质上仅仅是描述性的，而标定传统中的模型则对模型-数据拟合度有严格的要求，以支持与推断相关的不变性测量。本章之后会对 Rasch 模型的形式进行介绍，对模型-数据拟合度的详细介绍将在第 3 章呈现。标定传统中的测量理论强调追求不变性测量和创建"当我们转过身仍然保持不变"的量尺（Stevens，1951:21）。与测验分数传统强调降低测量的噪声（误差或干扰）相比，标定传统中的测量理论则以增强我们测量中的信号为目标。在此传统中，对测量理论的可视化描述是在直线上创建一个连续性尺度来表示潜变量（构念）。

接下来我们将简要介绍的最后一组测量理论是嵌入结构传统中的。结构传统聚焦于协方差（或相关性），借助线性和非线性模型检验观测变量和潜变量之间的关系。米尔萨普（Millsap，2011）对结构传统中的测量不变性进行了大量讨论。结构模型的首要目标是探索潜变量之间的关系。因子分析、路径分析以及在 SEM 中这些模型的组合都属于多变量的模型（Bollen，1989）。在结构传统中，变量之间的关系通常用路径图来表示。

为了有效区分这三大传统，我们可以试着把测验分数传统与圆圈（维恩图）联系起来，把标定传统与直线相联系，把结构传统与路径图联系起来。恩格尔哈德（Engelhard，2013）曾

经对前两种研究传统进行过描述,第三种传统是为了将所有
测量理论纳入研究传统而在概念框架中新补充进来的。本
书重点关注的是标定传统下的 Rasch 测量理论以及该研究
传统是如何看待不变性测量的。

不变性测量和标定传统

　　现在我们转向标定传统中的不变性测量,其基本要求已
得到 20 世纪测量理论家的广泛认可。在关于测量的最早的
一本书中,桑代克(Thorndike,1904)概述了不变性测量的基
本思想(Engelhard,2013)。重要的是,我们要认识到不变性
测量包含两个方面:对个体的测量不随题目而变化和对题目
的校标不随个体而变化。图 1.2 列出了 Rasch 测量理论对不
变性测量的要求。满足要求 1 和要求 2 意味着对个体的测
量不随题目而变化,满足要求 3 和要求 4 则意味着对题目的
校标不随个体而变化,而最后一个要求意味着不变性测量应
该是单维的。本书的后面部分将对每个要求做更详细的

对不变性测量的五个要求

对个体的测量不随题目而变化:

1. 对个体的测量必须独立于用于该测量的特定的题目。
2. 能力较强的个体在一道题目上成功作答的概率必须总是高于能力较弱
   的个体(个体反应曲线是不交叉的)。

对题目的校标不随个体而变化:

3. 对题目的校标必须独立于用于该校标的特定的被试群体。
4. 任何一个个体在简单题目上成功作答的概率必须高于在较难题目上的
   (题目反应曲线是不交叉的)。

单维尺度:

5. 题目和个体必须同时放置在一个单维的潜变量尺度上(怀特图)。

图 1.2　对不变性测量的五个要求

介绍。

我们必须认识到，以上关于不变性测量的要求是一组假定条件，它们必须通过各种检验模型-数据拟合度的方法来验证。在这本书中，我们重点介绍如何借助残差（residuals）分析和拟合指标来评估个体测量的不变性、题目校标的不变性，以及量尺的单维性。不变性测量并不是通过使用 Rasch 模型就能自动获得的，而是必须通过分析从目标总体中抽取的样本数据来评估是否满足不变性测量的要求。第 3 章是评估 Rasch 量尺，并将对评估问题做详细介绍。

第 2 节 │ Rasch 测量理论

　　　　拉什书中所介绍的心理测量方法……体现了测量
本身的基本原则，这些原则是客观性和可重复性的基
石，可以说也是所有科学知识的基石。

　　　　　　　　　　　　　　　　　（Wright，1980：xix）

　　Rasch 测量理论为满足图 1.2 中所列的不变性测量的要求提供了基础。本书重点讲述 Rasch 测量理论，但我们应该认识到，在标定传统内的其他测量模型，如项目反应理论，也要满足不变性测量的一些要求。Rasch 测量理论基于一个很简单的想法，即当一个个体（被试）遇到一道考试题目时会发生什么（Rasch，1960/1980）。Rasch 认为一个个体在一道题目上答对（或赞同一个题项）的概率是个体能力和题目难度的函数。

　　Rasch 测量模型本质上是建立在比较的概念上的。事实上，拉什认为所有的科学观点都"涉及比较，而比较应该是客观的"（Rasch，1977：68）。艾贝尔森（Abelson，1995）在其《作为原则性论据的统计学》（*Statistics as Principled Argument*）一书中强调，对任何有意义和有用的统计分析而言，比较都是至关重要的。针对测量理论，安德里奇特别指出，

"要求在单维量尺上的比较满足不变性是非常重要的"
(Andrich，1988：43)。科学家和测量理论家的任务就是要对
不变性比较和客观性的内涵进行界定。为此，拉什基于特定
客观性原则提出了一个模型，它为这些不变性比较提供了一
个框架，该模型被称为 Rasch 模型。针对二分类的作答（如
对/错、是/否），Rasch 模型可以表示为：

$$\phi_{mi1} = \frac{\exp(\theta_n - \delta_{i1})}{1 + \exp(\theta_n - \delta_{i1})} \tag{1.1}$$

公式 1.1 中的 Rasch 模型可被看作一个操作特征函数
（operating characteristic function），它将个体（θ）和题目（δ）这
两个参数在潜变量尺度上的位置差异与个体在一个二分类
题目上成功作答（例如，在选择题上回答正确，在问卷题项上
选择"是"）的概率联系起来。两者在潜变量尺度上的距离就
反映了个体能力和题目难度之间的比较，可以用于预测每个
个体在每道题目上成功作答的概率。本书将展示拉什
（Rasch，1960/1980）所提出的这个巧妙的测量方法解决相关
问题的能力。

目前许多关于心理测量的文献都会介绍项目反应理论
模型，包括单参数逻辑（one-parameter logistic，1PL）模型、两
参数逻辑（two-parameter logistic，2PL）模型和三参数逻辑
（three-parameter logistic，3PL）模型（Baker & Kim，2004）。
公式 1.2 给出了 3PL 模型的数学表达式，该模型包含三个题
目参数——难度（difficulty）、区分度（discrimination）和伪猜
测度（pseudo-guessing）。伪猜测度参数定义了一道题目的概
率反应曲线（probability response curve）在低值端的渐进值，
表示个体在该题目上成功作答的最小概率。若不考虑伪猜

测度这个参数（即$c_i=0$），该表达式将简化为包含题目难度b_i和区分度a_i两个参数的 2PL 模型。题目区分度参数a_i反映了题目反应函数（item response function）或曲线的斜率或陡度。如果a_i是一个常数，就意味着我们假定所有题目的反应曲线是互相平行的，它们只有一个共同的斜率，那么公式 1.2 将进一步简化为仅包含题目难度参数b_i的 1PL 模型。从这个视角来看的话，当对 3PL 模型设定$a_i=1$ 和$c_i=0$，我们就可以得到 Rasch 模型：

$$P_{ij}(X=1)=c_i+(1-c_i)\frac{\exp[a_i(\theta_j-b_i)]}{1+\exp[a_i(\theta_j-b_i)]} \quad (1.2)$$

这里，$P_{ij}=$ 正确作答的概率，$b_i=$ 题目难度参数，$a_i=$ 题目区分度参数，$c_i=$ 题目伪猜测度参数，$\theta_j=$ 个体的潜在能力。

在广义项目反应理论模型的语境中，一些研究者认为 1PL 模型嵌套于广义的项目反应理论模型，并把 1PL "等同于我们熟知的 Rasch 模型"（Raykov & Marcoulides，2011：294）。我们想强调的是，尽管 Rasch 模型可以用广义项目反应理论模型的形式来定义，但这种看待 Rasch 模型的视角过于简单，并未体现出 Rasch 模型作为社会、行为和健康科学领域的一种特定的测量方法，其背后丰富的哲学基础。在这种将 Rasch 模型视为广义项目反应理论模型的一种特例的视角下，研究者非常强调模型对数据的拟合程度，并构建了一套专门评估拟合度的标准。通常来说，一个模型包括的参数越多，其拟合度也就越好，因此在此视角下，如果其他条件相同的话，研究者往往会优先选择较为复杂的项目反应理论模型。

在本书中，我们认为应当首先考虑测量的基本原则和要求,而不是以拟合度为先。测量是我们根据不变性测量的要求主动创建一个测量潜变量的量尺,其目标不是找到拟合数据的最佳统计模型,而是要实现心理测量学意义上的目标,即基于我们对高质量测量的一套严格要求去创建有意义和有用的量尺。正如怀特(Wright,1980)所指出的那样:

> 如果数据不能与测量模型拟合,那么无论怎样处理这些数据,都不能将其用于测量。理想的测量结果是要符合模型要求的,如果数据不能被用于对题目的校标,那么该数据也不能用于测量个体。(Wright,1980:193)

安德里奇(Andrich,1989)对这些问题做了精彩的讨论,也讨论了测量理论所涉及的要求和假设之间的区别。

Rasch 测量理论中的模型-数据拟合度是指一组特定的数据必须满足模型的要求。为了实现不变性测量这一理想特性,数据必须对模型有良好的拟合度。Rasch 测量理论和项目反应理论最基本的区别在于:Rasch 测量理论是从模型的要求出发,而项目反应理论通常根据一个特定数据的再现程度来评估不同模型的优劣。接下来,我们通过比较 Rasch 模型和 2PL 模型来说明满足不变性测量这一要求的重要性。

为了说明对个体的测量不随题目而变化(不变性测量的要求 1 和要求 2)的重要性,图 1.3 展示了四个个体在题目上的反应函数或曲线。基于 Rasch 模型,个体 A、个体 B、个体 C 和个体 D 在以 logit 为测量单位的量尺上的位置分别为 -1.00 logits、-0.50 logits、0.50 logits 和 1.00 logits,说明在测量的潜变量上,个体 A 被认为是能力最低的,而个体 D 则是能

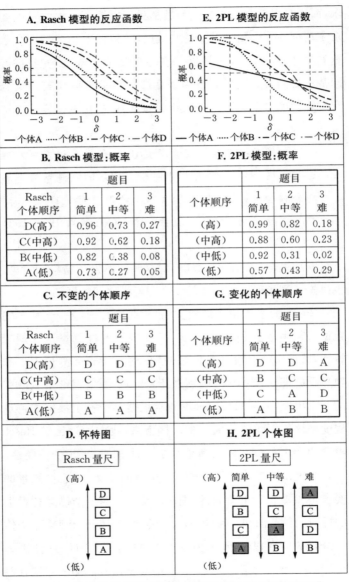

图 1.3 采用个体反应函数检验"对个体的测量不随题目而变化"

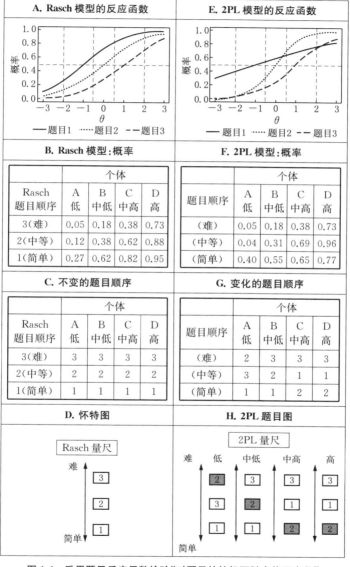

图 1.4　采用题目反应函数检验"对题目的校标不随个体而变化"

力最高的。在 2PL 模型中,个体的斜率参数被纳入模型(Engelhard & Perkins,2011),其中个体 A 的斜率为 0.30 logits,B 为 1.60 logits,C 为 0.80 logits,D 为 1.50 logits。

　　从图 1.3 可以看到,基于 Rasch 模型的个体反应函数或曲线(person response functions)是没有交叉的(见 A 部分),然而,2PL 模型则产生了交叉的个体反应曲线(E 部分)。接下来,我们根据两个模型计算了个体在三道题目(难度值分别为−2.00 logits、0.00 logits 和 2.00 logits)上正确作答的概率。基于 Rasch 模型,能力最高的个体 D 答对每道题的概率都是最高的,而能力最低的个体 A 答对每道题的概率都是最低的。能力在中等偏上水平的个体 C 答对每道题的概率要高于能力在中等偏下水平的个体 B(B 部分)。而基于 2PL 模型,四个个体在不同题目上回答正确的概率的高低顺序则是不一致的(F 部分)。比如,能力最低的个体 A 答对第 3 题的概率($p=0.29$)要高于能力最高的个体 D($p=0.18$)。最后,我们根据个体答对每道题的概率,对他们进行了排序。从图中可以清晰地看出,基于 Rasch 模型得到的个体的顺序是不变的(C 部分和 D 部分),但根据 2PL 模型得到的顺序则呈现出不一致的模式(G 部分和 H 部分)。

　　图 1.4 展示了对题目的校标不随个体而变化(不变性测量的要求 3 和要求 4)的重要性。图中给出了三道题目的概率反应函数。基于 Rasch 模型得到的三道题目的难度分别为−1.00 logits(第 1 题)、0.00 logits(第 2 题)和 1.00 logits(第 3 题)。因此,第 1 题是最简单的,第 2 题是中等难度的,第 3 题是最难的。根据 2PL 模型不仅估计出了三道题目的

难度参数,它们与 Rasch 题目的难度相同,同时也得到了这三道题的区分度参数,分别为:0.40 logits(第 1 题)、1.60 logits(第 2 题)和 1.00 logits(第 3 题)。

　　Rasch 模型的题目反应函数(item response functions)是没有交叉的(A 部分),而基于 2PL 模型的题目则有不同的斜率,形成了交叉的题目反应函数(E 部分)。接下来,我们选取处在潜变量尺度上不同位置的四个个体 A、B、C、D,对应的值分别为－2.00 logits、－0.50 logits、0.50 logits、2.00 logits,计算他们在每道题目上正确回答的概率。基于 Rasch 模型,每个个体答对最简单题目(第 1 题)的概率都是最高的,答对最难题目(第 3 题)的概率则都是最低的(B 部分)。而根据 2PL 模型,我们得到个体 D 在中等难度题目(第 2 题)上答对的概率($p=0.96$)要高于在最简单题目(第 1 题)上答对的概率($p=0.77$)(F 部分)。根据概率,我们可以看到,根据 Rasch 模型所得到的题目难度的次序是不变的,对所有个体都是相同的(C 部分和 D 部分),而 2PL 模型产生的题目次序则是变化的,取决于个体在潜变量上的位置,对不同的个体,题目次序是不同的(G 部分和 H 部分)。

　　不变性测量的最后一个要求是单维性(不变性测量的要求 5)。对维度这一概念的界定有多种方法,在此我们遵循路易斯·古特曼(Louis Guttman)的观点。在 20 世纪 40 年代,古特曼(Guttman,1944,1950)的研究成果为探索一组测验题目的单维性奠定了基础。古特曼提到:

　　　　研究者所面临的一个基本问题……是确定:围绕一
　　个给定议题所提出的问题的含义对所有受访者而言是

否一样。显然，如果一个问题对不同的受访者有着不同的含义，那就没办法对受访者进行排名……问题看似表达了一种意思，但并没有给不同的人提供相同的刺激。(Guttman，1950:60)

古特曼标定法（Guttman scaling）可以用来确定一套题目和一组个体是否满足单维性要求（Engelhard，2008a）。如图 1.3 和图 1.4 所示①，可将 Rasch 量尺视为一种概率性的古特曼量尺。克利夫强调了这一观点的重要性：

在所有心理测量的例子中，古特曼量尺是对一个好想法表达最为清晰的范例之一。即使对一个初入心理测量学但很聪明的用户，只要给他展示一个完美的量尺，他立刻就能认识到，"是的，这就是我想要的"。(Cliff，1983:284)

古特曼标定法为如何评估维度提供了一个明确的框架，而 Rasch 测量理论可以被看作古特曼标定理论的一种概率性的扩展。如果数据满足"对题目的校标不随个体而变化"和"对个体的测量不随题目而变化"这两个不变性特性的话，这个量尺就是单维的。

满足不变性测量要求的一个重要意义就在于研究者可以创建一个单维的量尺。在 Rasch 模型中，题目和个体同时被放置在一个潜在的量尺上。如前所述，在 2PL 模型中，题

目和个体的位置顺序是不一样的,因此对量尺分数的解释和
使用都会有所不同。

在本书后面的章节,我们将介绍检验 Rasch 测量理论的
要求是否被满足的各种方法。对模型-数据拟合度的检验主
要借助各类残差分析去评估特定数据是否满足不变性测量
的要求。

第 3 节 │ 基于 Rasch 测量理论开发量尺的构件

> 将概念转化为经验指标要经历四个步骤：对概念的初识、对维度的确定、对观测指标的选择以及将指标组合成指数。
>
> (Lazarsfeld，1958：109)

对于社会、行为和健康科学，最重要的任务之一是，基于一套完善的、可理解的、被一致认同的概念，发展出解释人类行为的实质性理论。"对概念的初识"（Lazarsfeld，1958：109)在人文科学的理论中起着核心的作用。正如拉扎斯菲尔德所指出的，"概念的形成、含义及测量这些问题必然会交织在一起"（Lazarsfeld，1966：144)。

可以说，我们对社会科学中的测量问题的研究和理解还不够深入，这在很大程度上会影响到我们对人类行为和行动的理解。如果对我们测量的单位和意义没有清晰理解的话，那么对一个基于理论框架而形成的行动理论，我们就不可能制定出切实可行的实施计划。Rasch 测量理论为开发可靠的测量提供了基础，以支撑和评估关于人类行为的众多理论模型。

斯通、怀特和施滕纳（Stone，Wright，& Stenner，1999）通过类比描述了测量是如何实现的，并指出可以借助映射图（map）对潜变量进行可视化展示。他们强调了可以借助其他映射图，如尺子（测量长度）、时钟（测量时间）和温度计（测量温度），通过类比的方式来理解潜变量，并说道："成功的题目校标和个体测量将产生一个变量的映射图，这个映射图就相当于一把量尺，与我们测量长度的尺子并无两样。"（Stone et al.，1999：321）

怀特图代表了我们为测量一个潜变量（如粮食不安全、数学能力和学习动机）而开发的一把 Rasch 量尺，它不仅呈现了关于潜变量的一组假设，而且为该量尺所要测量的潜变量提供了一个被验证过的定义。怀特图也被称为变量图（variable maps）和题目图（item maps）。威尔逊（Wilson，2011）提议将其命名为怀特图，以纪念在世界范围内推广 Rasch 测量理论的重要人物——芝加哥大学的本杰明·D. 怀特（Benjamin D. Wright）教授（Wilson & Fisher，2017）。

图 1.5 展示了瑟斯通（Thurstone，1927）最早创建的题目图之一，用于表示犯罪的严重程度。图中有几个特征值得我们注意。首先，瑟斯通用一条直线来表示犯罪严重程度这一潜变量。其次，他在潜变量的尺度上对每道题目的位置进行了标定。最后，他对这些题目进行了概念性分组，分为性犯罪、财产犯罪和人身伤害，以强调其潜在的结构（用于对犯罪进行分组的领域和维度）。图 1.6 展示了另一张怀特图，呈现了题目和个体（受访者）在粮食不安全这一潜变量上的排序。本书将用这些数据来说明如何基于 Rasch 测量理论的基本原则来构建一个量尺。

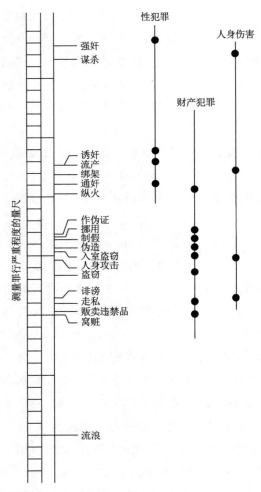

资料来源：Thurstone，1927。

图 1.5　瑟斯通测量刑事犯罪严重程度的题目图

```
|-----------------------------------------------------------------------------|
|Logit|+个体                                      |-题目                       |
|-----------------------------------------------------------------------------|
|     |   粮食不安全程度高                         |难以肯定                     |
|  3 +|                                           +                            |
|     |                                           | 全天                        |
|     |   22 23 29                                |                            |
|     |                                           |                            |
|     |                                           |                            |
|  2 +|                                           +                            |
|     |                                           |                            |
|     |   13 17 25 33 37                          |                            |
|     |                                           |                            |
|  1 +|                                           +                            |
|     |                                           | 饥饿                        |
|     |   26 35                                   |                            |
|     |                                           | 耗尽        省去        担心  |
|  * 0 *  2 7 9 21                                *                           * |
|     |                                           | 少吃                        |
|     |   1 11 24 27 28 36                        |                            |
| -1 +|                                           +                            |
|     |   3 4 12 18 20 39                         | 健康                        |
| -2 +|                                           +                            |
|     |                                           | 少吃                        |
|     |   5 6 8 10 14 15 16 19 30 31 32 34 38 40  |                            |
| -3 +|                                           +                            |
|     |   粮食不安全程度低                         |易于肯定                     |
|-----------------------------------------------------------------------------|
```

注:这八道题目的完整内容会在第 2 章进行介绍。

图 1.6　粮食不安全经历量表的怀特图

　　图 1.7 呈现的是基于 Rasch 测量理论进行量尺开发的相关构件（内容）。这些构件的核心是将对一个潜变量的定义在一把量尺上表示出来，这把量尺能够被学术界共享和使用。所有构件都对为测量潜变量而开发的量尺有所贡献。在 Rasch 测量理论中，怀特图在描述、呈现和定义潜变量方面起着关键作用。值得注意的是，虽然各构件之间相互关联，但在量尺开发的过程中，每个构件会在不同时点被强调。

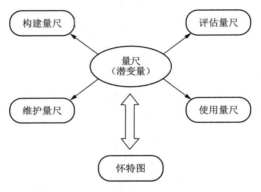

图 1.7　量尺开发的构件

　　量尺开发的第一个构件是构建量尺。对该构件的指南借鉴了威尔逊（Wilson，2005）的思想。虽然我们对其构建测量的方式进行了适当修改，但该构件的基础仍然是构念图（怀特图）这一关键思想。我们对其四个基本模块（Wilson，2005）进行了调整，分别是概念图、题目设计、结果空间和测量模型。本书后面的章节将以构建粮食不安全经历（FIE）量表为例，对每个模块做详细介绍。

　　一旦一个量尺被构建出来，接下来就是对该量尺进行评估，即第二个构件。本质上说，该构件主要聚焦于验证一个特定数据是否很好地满足了不变性测量的要求。Rasch 测量理论提出了一组特定要求,为实现个体的不变性测量、题目的不变性校标和创建单维性的尺度(怀特图)提供了可能性。我们运用基于残差分析的方法来批判性地评估模型-数据拟合度(Wells & Hambleton, 2016)。

第三个构件是维护量尺。研究者试图开发满足不变性测量要求的稳定的量尺,特别是要确保在不同条件下获得的测量具有可比性。在我们创建并评估量尺之后,制定一个计划和一些原则以维护分数的稳健性和可比性是很重要的。主要议题包括基于 Rasch 测量理论对量尺进行所谓的等值(equating)和链接(linking)。

最后一个构件是使用量尺。我们必须检验根据量尺测出来的分数的信度、效度和公平性。此外,还有这一点也很重要,那就是将量尺应用于不同政策背景下,为政策提供支持,比如用于设定表现标准(如分数线、等级)。

需要强调的是,我们并不总是以严格的方式或特定的顺序来执行这四项构件(任务),不同构件在量尺开发的不同阶段的重要性有所差异。还要说明的是,这几个构件之间是相互联系的,反映了量尺开发是一个迭代的过程。

第 4 节 │ 四大测量问题

社会科学涉及各种各样的测量问题，其中很多可通过 Rasch 测量理论的不变性测量来解决。本节介绍如何使用 Rasch 测量理论辅助我们对四个重要测量问题进行概念化的理解。这些测量问题在本书的每一章中都有更详细的阐述。具体而言，我们主要考虑以下测量问题：

- 对潜变量的定义；
- 对题目功能差异的评估；
- 对测量个体的题目之间的互换性的检验；
- 创建用于标准设定的表现标准（临界分数、分数线）。

社会科学的一个基本问题是根据解释现实的理论选择潜变量并对其进行定义。研究者如何选择变量？研究者如何通过选择和计算各种指标来测量这些变量？学界使用哪些准则来评估所提出的这些测量的质量？在本书中，我们认为运用 Rasch 测量理论创建有意义且有用的量尺，对推进社会、行为和健康科学的研究是必不可少的。随意选取测量单位（例如，根据任意一个样本数据的方差来设置测量单位）是不能令人满意的,尤其是在 Rasch 测量理论为创建具有清晰意义的测量单位的量尺提供了明确的指导原则的情况下。

题目功能差异(DIF)是一个违反量尺测量不变性的测量问题(Millsap,2011)。如米尔萨普(Millsap,2011)所说,"测量不变性建立在这样一个理念上,即测量工具在不同的条件下应该以相同的方式来运行,只要这些不同的条件与被测量的属性(特质)无关"(Millsap,2011:1)。在本书中,我们认为题目功能差异这一测量问题未能满足"对题目的校标不随个体而变化"的要求。

下一个测量问题强调题目之间的互换性。认识到测量模型的双重性是很重要的(Engelhard,2008a)。测量不变性反映在题目功能差异中,但也与使用不同题目获取测量个体的可比性分数相关。"对个体的测量不随题目而变化"这一要求为我们获取独立于特定题目的对个体测量的不变性提供了机会。该测量问题属于更广义的测验等值(test equating)的范畴,其主要观点是潜变量和代表量尺的怀特图不随个体在不同题目上观测值(即作答情况)的变化而变化,这些不同题目都是为测量个体的同一构念或特质而设计的。计算机自适应测验(computer-adaptive testing)正是建立在不同题目的可互换性这一想法上的,回答不同套题目的个体所得到的测量结果是可比的。

最后一个需要解决的测量问题是标准设定(standard setting)(Cizek,2012)。标准设定是在一个量尺上确定临界点(分数线)的过程,这些临界点代表在潜变量上有实质区别的位置。在多数情况下(如测量教育成就和粮食不安全),我们需要对将连续尺度转变成有序的类别(没通过/通过、粮食安全/粮食不安全)进行报告,从而为政策制定提供信息。标准设定就是这样的一个过程,用于设定等级并创建有意义的类别,从而为政策制定者和其他利益相关者提供指导。

本书展示了 Rasch 测量理论如何通过量尺开发的几个构件来解决上述这些测量问题。我们的目的是介绍一种解决测量问题的方法,这些测量问题源于我们对不变性测量的要求以及对稳健可靠的测量系统的追求。

第 **2** 章

构建 Rasch 量尺

Rasch 测量理论可以作为解决各种测量问题的基础。在前一章中，我们提出使用四个构件作为开发 Rasch 量尺的基础：构建量尺、评估量尺、使用量尺和维护量尺。每个构件都对应着社会科学所遇到的一个常见的测量问题。这些问题包括潜变量的定义、测量不变性（例如，题目功能差异）、题目的互换性（例如，测验等值）和标准设定（例如，根据表现标准设置临界分数或分数线）。本章讨论第一个构件，涉及基于 Rasch 测量理论的相关原则，构建可用于定义潜变量的量尺时所遇到的测量问题。

一旦研究者决定用一个量尺来代表一个重要的潜变量（构念），第一步就是开始构建量尺。量尺的构建要经过几个步骤。这里使用的方法是在威尔逊（Wilson，2005）所建议的构建方法上略做调整而形成的。构建潜变量量尺的基本模块包括：确定要测量的潜变量（构念）、制定观测性的设计方案（例如，题目或问题）、开发一套评分规则，以及将 Rasch 模型应用于观测数据以创建出一张怀特图。

本章首先介绍创建 Rasch 量尺的几个模块。然后，以测量个人粮食不安全经历（FIE）的国际量表为例（Cafiero，Viviani，& Nord，2018）进行说明，同时还包括使用 Rasch 模型评估一个小样本数据的实例。最后将对本章做个小结并强调其要点。

第 1 节 ┃ 构建 Rasch 量尺的基本模块

　　如图 2.1 所示,基于 Rasch 测量理论构建一个有意义且有用的量尺的过程可以用四个模块(潜变量、观测设计、评分规则和 Rasch 模型)来描述。所要回答的具体问题是:基于 Rasch 测量理论构建一张怀特图的基本步骤是什么? 本节将对每个模块做详细的介绍。

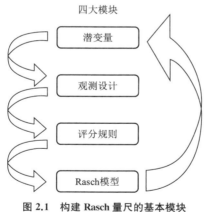

四大模块

潜变量

观测设计

评分规则

Rasch模型

图 2.1　构建 Rasch 量尺的基本模块

潜变量

　　创建量尺的第一个模块是从初步认识潜变量开始的

(Lazarsfeld，1958)。为此我们必须认识到，我们创建的是一个单维量尺。单维量尺发挥着关键的作用，因为"它们与社会科学理论所用的单维语言是一致的，这些语言旨在阐明这些理论的含义"(McIver & Carmines，1981:86)。单维性在本质上是一个相对的概念，例如，如果一组题目在同等程度上测量了数学和阅读这两种能力，那么我们可以把这组题目放在一个单维尺度上进行测量或标定(Andrich，1985；Lumsden，1957)。

本章所用例子是对粮食不安全的测量。FIE 量表旨在获取全球背景下粮食不安全的证据(Cafiero et al.，2018)。总体而言，粮食不安全被笼统地定义如下：

> 当所有人在任何时候都能通过物质、社会和经济途径来获得足够多的安全而有营养的粮食，从而满足他们积极健康生活所需的膳食需求和粮食偏好时，大家才会有粮食安全。(《世界粮食安全首脑会议宣言》，世界粮食安全首脑会议，罗马，2009 年 11 月 16 日至 18 日)

卡菲罗等人指出：

> 虽然粮食安全本质上是多维度的，但最关键的一个维度是持续获取充足的粮食。联合国粮食及农业组织(FAO)开展了一个名为"饥饿之声"(VoH)的项目，以开发和支持一种基于问卷调查对获取粮食的经验测量，这种测量工具被称为"FIE 量表"。(Cafiero et al.，2018:146)

美国采用类似的方法测量了家庭层面的粮食不安全情况(Coleman-Jensen，Rabbitt，Gregory，& Singh，2015)。这个 FIE 量表所测量的粮食不安全是指"对健康、积极和有尊严的生活所需的粮食，无法自由获取的状况……由于缺乏资金或其他资源而没有能力获得粮食"(Coleman-Jensen et al.，2015:147)。把对粮食不安全的广义的理论定义限制于"获取充足粮食"这一单一维度，为创建一张测量粮食不安全的怀特图提供了方向。

图 2.2 是关于粮食不安全的一张预设的怀特图。该图有几个特征值得注意。首先，测量粮食不安全的量尺是用一条直线来表示的。这条线反映的是粮食不安全程度在理论上从低到高的连续尺度。在这一连续尺度上，还可以对个体的粮食不安全程度划分等级，从轻度到中度再到严重粮食不安全，且每个等级或程度对应一个质性的描述。这些不同程度代表着重要的差异，可以被政策制定者用于解决世界各地的

粮食不安全程度		粮食不安全经历(题目)
	↑	
粮食不安全程度高		难以肯定
		经历饥饿
严重的粮食不安全		
		减量，不吃饭
中度的粮食不安全		
		在食品的质量和种类之间要做折中
轻度的粮食不安全		
		担心获取粮食的能力
	↓	
粮食不安全程度低		容易肯定

资料来源：基于 Coleman-Jensen et al.，2015。

图 2.2　测量粮食不安全的一张预设的怀特图

粮食不安全问题。其次,代表粮食不安全这一潜变量的直线是由反映粮食不安全经历的一组有序的题目来定义的。这些有序的题目反映了我们对题目排序的预期,从容易做出肯定回答(即担心获得粮食的能力)到难以做出肯定回答(即经历饥饿)。

观测设计

研究者在创建了一张预设的怀特图(如图 2.2)之后,下一步是创建一套可观测的指标或题目来代表粮食不安全这一潜变量。观测设计通常包括不同的题目类型以及用于指导具体题目编写的领域。一个经典的例子是基于布卢姆分类法(Bloom's Taxonomy)中的题目分类方法开发测量学生教育成就的考试(Bloom,Engelhart,Furst,Hill,& Krathwohl,1956)。莱恩、雷蒙德和哈拉迪(Lane,Raymond,& Haladyna,2016)为如何开发适用于各种评估环境中的考试和题目提供了详细的指南。

表 2.1 呈现了本书所用的 FIE 量表(Cafiero et al.,2018)包含的八道题目。这些题目反映了测量粮食不安全的观测设计。该量表是在借鉴以往用于测量世界各地家庭和个人粮食不安全的量表的基础上编制而成的,如美国家庭粮食安全调查模块(HFSSM)、巴西粮食安全调查量表(EBIA)、拉丁美洲和加勒比粮食安全量表(ELCSA)、艾丝·卡拉墨西哥粮食安全量表(EMSA)和家庭粮食获取不安全量表(HFIAS)(Coleman-Jensen et al.,2015)。在选择题目的时候,量表开发者还考虑了这些题目和条件在不同文化和背景下的可解释性。

表 2.1　FIE 量表①

题目	问　　题	标签
1	在过去的 12 个月中,你是否有段时间因为缺钱或其他资源而担心自己没有足够的粮食吃?	担心
2	还是回忆一下在过去的 12 个月中,你是否有段时间因为缺钱或其他资源而吃不到健康营养的食物?	健康
3	你是否有段时间因为缺钱或其他资源而只能吃几种食物?	少量食物
4	你是否有段时间因为缺钱或其他资源而不得不省去一顿饭?	省去(跳过)
5	还是回忆一下在过去的 12 个月中,你是否有段时间因为缺钱或其他资源而吃得比你认为应该吃的少?	少吃
6	你的家庭是否有段时间因为缺钱或其他资源而没有粮食吃?	没有粮食(耗尽)
7	你是否有段时间因为缺钱或其他资源,很饿了却没有东西吃?	饥饿
8	在过去的 12 个月中,你是否有段时间因为缺钱或其他资源而全天不吃东西?	全天

注:被访者在这些问题上回答"是"或"否"。

评分规则

　　评分规则具体说明了如何对个体的作答进行编码。以我们所用的 FIE 量表为例,对八道题目的回答采用的是简单的二分类评分(是＝1,否＝0)。在一道题目上回答"是"意味着对该题目的肯定作答,表示较高程度的粮食不安全。个体在这八道题目的作答会被合成为一个加总分数,总分数越高说明其粮食不安全程度越严重。

　　还有其他评分规则的例子,涉及不同类型的评分尺度,如等级量表模型(rating scale model)(Andrich,2016)和部分

---

　　①　英文版量表参见 http://www.fao.org/in-action/voices-of-the-hungry/fies/en/。——译者注

计分模型（partial credit model）（Masters，2016），它们都属于Rasch 家族的模型（Wright & Masters，1984）。我们也可以对作答的类别进行合并，采用不同的评分规则。恩格尔哈德和温德（Engelhard & Wind，2018）为如何使用不同的 Rasch 模型对多分类或等级数据进行建模提供了详细指南。

Rasch 模型

最后一步是根据题目和个体在潜变量尺度上的位置，借助测量模型，将观测到的个体在题目上的作答与个体联系起来。拉什（Rasch，1960/1980）最初的想法很简单，认为一个个体在一道题目上的作答情况取决于这道题目的难度以及该个体的能力。他选择了一个基于逻辑反应函数（logistic response function）的概率模型，因为该模型具备与特定的客观性（即不变性测量）相关的理想属性。二分类 Rasch 模型可以表示为：

$$\phi_{ni1} = \frac{\exp(\theta_n - \delta_{i1})}{1 + \exp(\theta_n - \delta_{i1})} \qquad (2.1)$$

公式 2.1 的 Rasch 模型可以被看作一个操作特征函数（operating characteristic function），它将个体（θ）和题目（δ）在潜变量上所处位置之间的差异与被个体在一道二分类题目上成功作答或做出肯定回答的概率联系起来。这个距离反映了每个个体和题目之间的比较，预测了每个个体对题目做出积极响应的概率。

我们发现将 Rasch 模型视为古特曼标定法的概率版本是非常有用的（Andrich，1985）。他提到：

……SLM(Rasch 模型)和古特曼量尺之间在技术上的相似性并非巧合。这种联系源于两者所要求的基本条件是相同的,包括对量尺和位置值相互之间的不变性要求。(Andrich,1988:40)

恩格尔哈德(Engelhard,2005)认为古特曼量尺是一种确定性的理想模型,并对此做了详细介绍。表 2.2 通过一个简单的例子展示了古特曼量尺所呈现出的三角形模式。面板 A 表明当从易到难对题目进行排序,同时根据个体的总分进行排序时,将呈现出这种三角形模式。面板 B 展示了当我们在一个潜变量尺度上对题目进行校标同时在此尺度上对个体进行测量时,所得到的 Rasch 概率也会出现相似的三角形模式。其中大于 0.50 的概率表明个体在一道题目上更有可能做出肯定的回答,尽管该过程的随机性也承认个体的回答可能不是肯定的。这与古特曼标定是不一样的,古特曼标定是用一个确定性模型定义了一个完美量尺。

表 2.2　对古特曼(完美)和 Rasch(概率)的题目反应模式的示例

个体分数	面板 A 完美模式(古特曼)				面板 B 概率模式(Rasch)			
	A 简单	B	C	D 难	A 简单	B	C	D 难
4	1	1	1	1	0.98	0.95	0.75	0.65
3	1	1	1	0	0.95	0.75	0.65	0.45
2	1	1	0	0	0.75	0.65	0.45	0.34
1	1	0	0	0	0.65	0.45	0.34	0.25
0	0	0	0	0	0.45	0.34	0.25	0.15

注:这些数值仅为了展示的目的。

　　图 2.3 的流程图展示了从最初的潜变量(构念)到最后的怀特图的过程。一旦我们对潜变量的概念有了大致的界定,接下来的步骤就是创建一个观测设计以及评分规则,以指导我们开发测量潜变量的题目和指标。然后,我们选取个体样本回答这些题目,收集他们的作答数据。这些观测到的作答数据将用 Rasch 模型来分析。Rasch 模型能将观测数据与怀特图上对潜变量的可视化表示联系起来。最后,我们在怀特图上标注题目和个体在潜变量量尺上的位置。

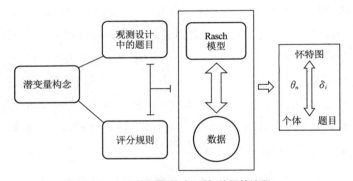

图 2.3　从潜变量(构念)到怀特图的流程

　　对于如何基于 Rasch 模型估计题目和个体在潜变量上的位置的相关技术细节,许多著作都做了很好的介绍。我们强烈推荐贝克和金姆(Baker & Kim,2004)的著作,这是一本讲述如何估计项目反应理论模型参数的高阶教材。此外,贝克和金姆(Baker & Kim,2017)还发布了估计各种项目反应理论模型的 R 语句。

　　在本书中,我们使用 Facets 计算机程序(Linacre,2018a)来估计 Rasch 模型的参数。所用到的 Facets 语句和 R

语句（即 ERMA 程序）均可在线获取（https：//study.sagepub.
com/researchmethods/qass/engelhard-rasch-models）。样 本
数据集也可以在线获得。

第 2 节｜**实例分析**

在本节，我们使用二分类的 Rasch 模型来分析 FIE 量表的数据。表 2.3 是 40 个被访者在 FIE 量表的八道题目上的作答（是/否）情况。这些数据反映了美国人的粮食不安全经历。表 2.4 汇报了使用 Facets 程序（Linacre，2018a）对作答数据进行 Rasch 分析所得到的八道题目的统计量。第一列是题目编号，而第二列是对题目内容的简短描述。

表 2.3　粮食不安全经历的数据

个体	题　　目							
	1	2	3	4	5	6	7	8
1	1	0	1	0	1	0	0	0
2	0	0	1	1	1	0	1	0
3	0	0	1	0	1	0	0	0
4	0	0	0	0	0	1	1	0
5	0	0	1	0	0	0	0	0
6	0	0	1	0	0	0	0	0
7	1	1	1	0	1	0	0	0
8	0	0	1	0	0	0	0	0
9	1	1	1	0	0	1	0	0
10	0	0	1	0	0	0	0	0
11	0	1	1	0	0	1	0	0
12	0	1	0	0	0	1	0	0
13	1	1	1	1	1	1	0	0
14	0	1	0	0	0	0	0	0

续表

个体	题 目							
	1	2	3	4	5	6	7	8
15	0	1	0	0	0	0	0	0
16	0	0	1	0	0	0	0	0
17	0	1	1	1	1	1	1	0
18	0	1	1	0	0	0	0	0
19	0	0	1	0	0	0	0	0
20	0	1	1	0	0	0	0	0
21	0	1	1	1	0	1	0	0
22	1	1	1	1	1	1	1	0
23	1	1	0	1	1	1	1	1
24	0	1	1	0	1	0	0	0
25	1	1	1	1	0	0	1	1
26	1	1	1	1	0	1	0	0
27	1	0	1	0	1	0	0	0
28	0	0	1	1	0	0	1	0
29	0	1	1	1	1	1	1	1
30	0	0	0	0	1	0	0	0
31	0	1	0	0	0	0	0	0
32	0	1	0	0	0	0	0	0
33	1	1	1	0	1	1	1	0
34	1	0	0	0	0	0	0	0
35	1	1	1	1	1	0	0	0
36	0	0	0	1	1	0	1	0
37	1	1	1	1	1	1	0	0
38	0	1	0	0	0	0	0	0
39	0	1	1	0	0	0	0	0
40	0	0	1	0	0	0	0	0

注:题目评分如下:0=否,1=是。

资料来源:基于 Coleman-Jensen et al., 2015。

　　第三列报告了个体对每道题目回答"是"的比例。这些题目从容易肯定(第 3 题:少量食物)到难以肯定(第 8 题:全天)进行排序。接下来的两列表示的是以 logits 为单位的题

目的标定（即估计、测量）结果（以及对应的标准误），代表了
题目在怀特图上的位置。怀特图见第 1 章的图 1.6。最后四
列汇报了观测数据和该 Rasch 模型的拟合程度。Infit 统计
量对题目难度和个体能力相当的作答数据较为敏感，而
Outfit 统计量则对题目难度和个体能力差距较大的异常作答
较为敏感。表 2.5 显示了恩格尔哈德和温德（Engelhard &
Wind，2018）所建议的框架，可以对题目的拟合情况做进一
步的分类。

表 2.4　题目的汇总统计量（按照回答"是"的比例进行排序）

题目	标签	回答"是"的比例	测量值	S.E.	均方		拟合类别	
					Infit	Outfit	Infit	Outfit
8	全天	0.08	2.85	0.67	0.74	0.23	A	B
7	饥饿	0.25	0.81	0.46	1.04	0.81	A	A
1	担心	0.33	0.21	0.43	1.02	1.16	A	A
4	省去	0.33	0.21	0.43	0.69	0.47	A	B
6	没有粮食	0.33	0.21	0.43	0.92	0.71	A	A
5	少吃	0.40	−0.32	0.41	1.03	0.93	A	A
2	健康	0.60	−1.59	0.39	1.20	0.98	A	A
3	少量食物	0.73	−2.38	0.41	1.12	4.42	A	D

注：拟合类别：A(0.50≤MSE<1.50)，B(MSE<0.50)，C(1.50≤MSE
<2.00)，D(MSE≥2.00)。MSE 即误差均方(mean square error)。

表 2.5　基于误差均方(MSE)对拟合度的分类

MSE	含义解释	拟合类别
0.50≤MSE<1.50	富有成效的测量	A
MSE<0.50	测量成效低，但测量结果不失真	B
1.50≤MSE<2.00	测量没有成效，但测量结果不失真	C
MSE≥2.00	测量没有成效，且测量结果失真	D

采用这个框架，我们可以看到：根据 Infit 统计量，每道
题目和 Rasch 模型的拟合度都很好，然而对第 3 题（少量食

物）①，根据 Infit 统计量来判断的话是拟合的，但根据 Outfit 统计量则是不拟合的。关于 Infit 统计量和 Outfit 统计量的详细内容将在第 3 章进行介绍。

表 2.6 报告了对个体的分析结果。这些分析为每个人作答的合理性提供了经验证据。按照他们的粮食不安全程度进行排序，个体 22 的粮食不安全程度最高，他/她在 88％的题目上均回答"是"，而个体 34 的粮食不安全程度最低，他/她在 13％的题目上回答"是"。与这些题目一样，对个体的测量值表示了他们在怀特图上的 logits 位置（图 1.6）。

根据 Infit 统计量，这些个体的拟合类别的分布情况为：A（75.0％）、B（10.0％）、C（7.5％）和 D（7.5％）。而基于 Outfit 统计量的拟合类别的分布则为：A（37.5％）、B（47.5％）、C（5.0％）、D（10.0％）。第 3 章将对拟合不理想的个体做更详细的讨论。

Rasch 测量理论建立了观测数据与包括个体和题目位置参数的量尺之间的联系，怀特图则提供了这一过程的可视化结果。怀特图有两种表现形式，一种是对粮食不安全的预设图（图 2.2），另一种是第 1 章所展示的实际图（图 1.6）。

表 2.6　个体的汇总统计量（按照回答"是"的比例进行排序）

个体	回答"是"的比例	测量值	S.E.	均方		拟合类别	
				Infit	Outfit	Infit	Outfit
22	0.88	2.63	1.23	0.36	0.16	B	B
29	0.88	2.63	1.23	1.80	1.61	C	C

① 此处在原文中是"Item 3（Healthy）"，根据表 2.1 的 FIE 量表和后文的相关内容，判断为原书错误，故修正为"第 3 题（少量食物）"。——译者注

个体	回答"是"的比例	测量值	S.E.	均方		拟合类别	
				Infit	Outfit	Infit	Outfit
23	0.88	2.63	1.23	2.02	9.00	D	D
13	0.75	1.47	0.96	0.59	0.41	A	B
37	0.75	1.47	0.96	0.59	0.41	A	B
17	0.75	1.47	0.96	0.81	0.64	A	A
33	0.75	1.47	0.96	0.81	0.64	A	A
25	0.75	1.47	0.96	2.02	1.83	D	C
35	0.63	0.67	0.85	0.72	0.54	A	A
26	0.63	0.67	0.85	0.88	0.72	A	A
7	0.50	−0.02	0.83	0.69	0.55	A	A
9	0.50	−0.02	0.83	0.87	0.68	A	A
21	0.50	−0.02	0.83	0.87	0.68	A	A
2	0.50	−0.02	0.83	1.40	1.35	A	A
24	0.38	−0.72	0.86	0.54	0.44	A	B
11	0.38	−0.72	0.86	0.72	0.61	A	A
1	0.38	−0.72	0.86	1.16	0.95	A	A
27	0.38	−0.72	0.86	1.16	0.95	A	A
28	0.38	−0.72	0.86	1.49	1.40	A	A
36	0.38	−0.72	0.86	2.13	2.13	D	D
39	0.25	−1.51	0.95	0.40	0.29	B	B
18	0.25	−1.51	0.95	0.40	0.29	B	B
20	0.25	−1.51	0.95	0.40	0.29	B	B
3	0.25	−1.51	0.95	0.92	0.68	A	A
12	0.25	−1.51	0.95	1.39	1.21	A	A
4	0.25	−1.51	0.95	2.16	2.49	D	D
6	0.13	−2.60	1.18	0.55	0.24	A	B
8	0.13	−2.60	1.18	0.55	0.24	A	B
10	0.13	−2.60	1.18	0.55	0.24	A	B
5	0.13	−2.60	1.18	0.55	0.24	A	B
16	0.13	−2.60	1.18	0.55	0.24	A	B
19	0.13	−2.60	1.18	0.55	0.24	A	B
40	0.13	−2.60	1.18	0.55	0.24	A	B
14	0.13	−2.60	1.18	1.04	0.48	A	B
15	0.13	−2.60	1.18	1.04	0.48	A	B

个体	回答"是"的比例	测量值	S.E.	均方		拟合类别	
				Infit	Outfit	Infit	Outfit
31	0.13	−2.60	1.18	1.04	0.48	A	B
32	0.13	−2.60	1.18	1.04	0.48	A	B
38	0.13	−2.60	1.18	1.04	0.48	A	B
30	0.13	−2.60	1.18	1.52	1.39	C	A
34	0.13	−2.60	1.18	1.62	2.25	C	D

注：拟合类别：A($0.50 \leqslant MSE < 1.50$)，B($MSE < 0.50$)，C($1.50 \leqslant MSE < 2.00$)，D($MSE \geqslant 2.00$)。MSE 即误差均方（mean square error）。

第 3 节 ｜ 本章小结

　　本章介绍了基于 Rasch 测量理论构建量尺的基本步骤。一个 Rasch 量尺的构建可以通过图 2.3 中的流程图来反映。第一步是对潜变量的概念化，这是在宽泛的实质性理论中进行实践和理论研究的焦点。我们使用粮食不安全的例子，将其作为我们关注的潜变量。下一步是为量表的设计选择题目和观测指标，用于对潜变量进行操作化处理。比如，FIE 量表的八道题目（表 2.1）就是对粮食不安全经历的操作化处理。同时，我们需要开发一套评分规则，在一个有序尺度上对观测结果进行编码处理。被访者在 FIE 量表上的回答是按二分法进行评分的（0＝否，1＝是）。最后一步是将 Rasch 模型与观测到的个体在题目上的作答情况联系起来。Rasch 模型在观测数据与对题目的校标（题目在量尺上的位置）和对个体的测量（个体在量尺上的位置）之间建立联系。通过这一步，创建出一个在 Rasch 量尺上同时显示个体和题目对应位置的怀特图。

　　图 1.6 呈现的就是一个实际的怀特图。必须牢记我们的目标是要最终创建出一个对其预期目的和用途而言有效度的量尺，这一点是很重要的。同样重要的是，学术共同体都认同该量尺测量了希望测量的构念。我们认为这个过程是

围绕两张怀特图来进行的：一张是预设的怀特图，一张是实际的怀特图。FIE 量表是一个被广泛认可的量表的范例，它在世界各地被用来测量人们的粮食不安全情况（Cafiero et al.，2018）。

当模型-数据拟合度很好时，Rasch 量尺才能满足不变性测量的要求。在心理测量学的文献中，令人困惑的一点是未能明确区分被假设为先验条件的不可观察的潜变量（预设的怀特图）以及用于确定我们的目标是否在特定的数据中得以实现的对模型-数据拟合度的经验分析。我们把对模型-数据拟合度的分析视为评估是否为我们的潜变量构建了一个理想的量尺（经验怀特图）的任务之一。第 3 章将详细介绍对一个 Rasch 量尺的模型-数据拟合度进行评估的具体步骤，包括对题目和对个体的拟合度分析。

评估 Rasch 量尺

　　完成量尺构建之后对 Rasch 量尺的心理测量学质量
（psychometric quality）进行评估是必不可少的。本章介绍评
估 Rasch 量尺的几种方法，以回应一个关键问题：实际数据
在多大程度上满足 Rasch 测量理论的要求？Rasch 测量理论
的不变性测量特性只有在模型-数据拟合度良好的时候才能
实现。在 Rasch 测量理论的背景下，衡量模型-数据拟合度
的信息包括每道题目和每个个体的拟合指标，在单维尺度上
对题目的不随个体而变化的校标，以及对个体的不随题目而
变化的测量。本章将介绍常用于识别拟合不好的题目和个
体的拟合度指标及识别过程。对一个 Rasch 量尺的正确使
用和对其分数的解释在很大程度上取决于不变性测量的
实现。
　　本章简要介绍模型-数据拟合度以及不变性测量的概
念。首先，我们推荐一些拟合指标，用于诊断拟合不佳的个
体和题目。残差分析是评估题目拟合度和个体拟合度的主
要方法，我们将对此做详细介绍。其次，我们讨论了借助对
题目功能差异的检验来分析题目校标的跨群组不变性。题
目功能差异是一个潜在的测量问题，会导致量尺的不变性测
量不能得到满足，因此必须进行实证检验。接下来介绍的是

单维性的要求及其对实现不变性测量的重要性。我们仍以
FIE 量表为例,来展示如何通过残差分析和题目功能差异检
验去评估模型-数据拟合度。最后,我们总结了本章讨论的
要点。

第 1 节 ▎ Rasch 的特定客观性

20 世纪 60 年代初，拉什（Rasch，1960/1980）引入了一个认识论概念，并将其命名为客观性（objectivity）。后来，他在客观性前增加了一个限制性词语——特定（specific），专门用于评估测量问题。拉什（Rasch，1960/1980）将特定客观性描述为 Rasch 测量理论所独有的属性，该理论旨在探求不随个体变化的题目校标和不随题目变化的个体测量（Wright，1968）。具体而言，特定客观性可定义如下：一方面，题目之间的比较结果应该不随所抽取的、用于该比较的特定个体的变化而变化。另一方面，个体之间的比较结果也应该不随所选取的、用于该比较的题目集的变化而变化。拉什（Rasch，1977）认为，在这种情况下，也就是完全符合这些要求的时候，题目或个体之间的比较就是客观的。恩格尔哈德（Engelhard，2013）在不变性测量的框架内进一步讨论了特定客观性的概念，并强调了创建单维尺度对实现跨不同组群的题目不变性，以及跨不同题目集的个体不变性的重要性。单维尺度指的是可以同时标定个体和题目相对位置的一个连续尺度，并且这个连续尺度可以借助怀特图进行可视化。

基于 Rasch 测量理论，不随个体变化的题目校标可以通过非交叉的题目反应函数来证明。非交叉的题目反应函数确保个体在较容易的题目上成功作答的概率总是高于在较难的题目上成功作答的概率。同时，非交叉的个体反应函数反映了不随题目变化的个体测量的要求。非交叉的个体反应函数表明，在潜变量上测量值较高的个体答对一道题目的概率总是高于测量值较低的个体。这与古特曼标定法的基本思想是一致的。如第 1 章所述，Rasch 量尺可被视为一种概率性的古特曼量尺。

我们在第 2 章讲述了如何基于 Rasch 测量理论构建 FIE 量尺。在这个例子中，每个个体在第 3 题（你是否有段时间因为缺钱或其他资源而只吃几种食物？）做出肯定回答的概率都要高于第 8 题（在过去的 12 个月中，你是否有段时间因为缺钱或其他资源而全天不吃东西？），因为第 3 题反映的是不太严重的粮食不安全状况。对任何人而言，根据做出肯定回答的相对难度而得到的题目顺序是不变的。另一方面，个体 33 在粮食不安全上的测量值最大，而个体 40 的测量值最小，这就意味着个体 33 在 FIE 量表的每道题目上做出肯定回答的概率都要高于个体 40。非交叉曲线再次定义了 Rasch 测量理论的不变性测量的特性，这些特征对于任何一个客观量表都是至关重要的。

第 2 节 │ 模型−数据拟合度

对一个 Rasch 量尺的评估主要涉及基于实际数据检验不变性测量实现的程度。拉什（Rasch，1960/1980）建议，当模型−数据拟合不好的时候，要想一想模型或数据是否出错。出于构建量尺的目的，题目的功能应类似于直尺（即测量长度这个潜变量的量尺）上的刻度线。

评估数据和一个 Rasch 量尺之间的拟合程度类似于检查偏离一个理想古特曼模式完美再现性（perfect reproducibility）的程度（Engelhard，2005）。在这种情况下，基于残差的拟合指标可以用于量化和解释模型和数据之间的偏差程度。评估模型−数据拟合度的早期工作始于爱德华兹（Edwards，1948）提出的误差计数方法（error-counting method）。这种方法将观察到的作答数据与理想的古特曼作答模式进行比较，并简单地计算出经验数据中不同误差的数量。爱德华兹（Edwards，1948）基于古特曼（Guttman，1947，1950）对完美再现性的定义提出了这种误差计数方法（Engelhard，2005；McIver & Carmines，1981）。如今，皮尔逊卡方检验（Pearson's chi-square test）和似然比检验（likelihood ratio test）可用于评估一个 Rasch 量尺的整体拟合度（Millsap，2011）。同时，对每道题目和每个个体的拟合度，Rasch 模型也提供了相应的拟合指标。Rasch 模型拟合指标的开发基本都是基于对残差的分析(Wells & Hambleton, 2016)进行的。

残差表示的是观测到的作答情况和基于模型所得概率之间的差异。我们优选较小的残差,因为它们意味着模型和数据的一致性更好。我们可以直接通过分析残差识别出和模型拟合不佳的题目和个体。原始残差(raw residual)(R_{ni})被定义为个体 n 在题目 i 上的观测作答(X_{ni})减去基于模型得到的个体 n 正确回答题目 i 的概率(P_{ni})。图 3.1 显示了基于原始残差所形成的残差矩阵。

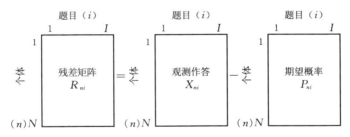

注:更详细的细节请参见 https://www.rasch.org/rmt/rmt231j.htm 和 Engelhard (2013:18)。

图 3.1　残差矩阵

标准化残差(standardized residual)(SR_{ni})是对原始残差进行简单的标准化处理,通过将原始残差除以其标准误而得到。原始残差和标准化残差的计算公式如下所示:

$$R_{ni}=X_{ni}-P_{ni} \tag{3.1}$$

$$SR_{ni}=\frac{R_{ni}}{SE_R}=\frac{X_{ni}-P_{ni}}{\sqrt{\dfrac{P_{ni}(1-P_{ni})}{N}}} \tag{3.2}$$

其中,$i=1,\cdots,I$,代表每道题目;$n=1,\cdots,N$,代表

每个个体;R_{ni}表示个体 n 在题目 i 上的原始残差;X_{ni}表示个体 n 在题目 i 上的观测(实际)作答情况;P_{ni}表示个体 n 在题目 i 上做出正确回答的期望概率;SE_R 表示原始残差的标准误;SE_{ni}表示个体 n 在题目 i 上的标准化残差。

我们可以将个体分到等距的能力区间,对每个区间,用观测到的正确作答的比例减去基于模型得到的正确作答的概率,就可以得到题目 i 的原始残差。其中基于模型的正确作答概率可以是该区间内的所有人正确回答题目 i 的预期概率的均值,也可以是中值(Wells & Hambleton,2016)。根据标准化残差,我们可以绘制残差图,以进一步通过图形的方式识别出不规则的模式或异常值。

除了直接使用上述的残差统计量,Infit 和 Outfit 这两个统计量也被广泛用于 Rasch 量尺的评估。它们进一步量化了观测到的正确作答概率和预期概率之间的偏差。特别是,Infit 统计量对题目难度与个体能力相当时所出现的不规则模式更为敏感,而 Outfit 统计量可以更好地检测出一个量尺全范围内的异常值(Engelhard,2013)。下面是评估题目拟合度(item fit)的 Infit 统计量和 Outfit 统计量的计算公式:

$$\text{题目 Infit 均方(Infit MnSq)}:v_i=\frac{\sum_{n=1}^{N}(X_{ni}-P_{ni})^2}{\sum_{n=1}^{N}P_{ni}(1-P_{ni})}$$

$$(3.3)$$

$$\text{题目 Outfit 均方(Outfit MnSq)}:u_i=\frac{1}{N}\sum_{n=1}^{N}\frac{(X_{ni}-P_{ni})^2}{P_{ni}(1-P_{ni})}$$

$$(3.4)$$

题目 Infit 标准化统计量 Z：$t_i = (v_i^{1/3} - 1)\left(\dfrac{3}{\sigma_v^2}\right) + \left(\dfrac{\sigma_v^2}{3}\right)$

$$(3.5)$$

Infit 均方的方差 $= \sigma_v^2 = \dfrac{\displaystyle\sum_{n=1}^{N}(C_{ni} - \sigma_{ni}^4)}{(\displaystyle\sum_{n=1}^{N}\sigma_{ni}^2)^2}$

题目 Outfit 标准化统计量 Z：$t_i = (u_i^{1/3} - 1)\left(\dfrac{3}{\sigma_u^2}\right) + \left(\dfrac{\sigma_u^2}{3}\right)$

$$(3.6)$$

Outfit 均方的方差 $= \sigma_u^2 = \displaystyle\sum_{n=1}^{N}\left(\dfrac{C_{ni}/\sigma_{ni}^4}{N^2}\right) - \dfrac{1}{N}$

在这里，$\sigma_{ni}^2 = X_{ni}$ 的方差，$C_{ni} = X_{ni}$ 的峰度。这些公式经过简单修改就可以得到评估个体拟合度（person fit）的指标。

个体 Infit 均方（Infit MnSq）：$v_n = \dfrac{\displaystyle\sum_{i=1}^{I}(X_{ni} - P_{ni})^2}{\displaystyle\sum_{i=1}^{I} P_{ni}(1 - P_{ni})}$

$$(3.7)$$

个体 Outfit 均方（Outfit MnSq）：$u_n = \dfrac{1}{I}\displaystyle\sum_{i=1}^{I}\dfrac{(X_{ni} - P_{ni})^2}{P_{ni}(1 - P_{ni})}$

$$(3.8)$$

个体 Infit 标准化统计量 Z：$t_n = (v_n^{1/3} - 1)\left(\dfrac{3}{\sigma_v^2}\right) + \left(\dfrac{\sigma_v^2}{3}\right)$

Infit 均方的方差 $= \sigma_v^2 = \dfrac{\displaystyle\sum_{i=1}^{I}(C_{ni} - \sigma_{ni}^4)}{(\displaystyle\sum_{i=1}^{I}\sigma_{ni}^2)^2}$ (3.9)

$$个体\ \text{Outfit}\ 标准化统计量\ Z：t_n = (u_n^{1/3} - 1)\left(\frac{3}{\sigma_u^2}\right) + \left(\frac{\sigma_u^2}{3}\right)$$

$$(3.10)$$

$$\text{Outfit}\ 均方的方差 = \sigma_u^2 = \sum_{i=1}^{I}\left(\frac{C_{ni}/\sigma_{ni}^4}{I^2}\right) - \frac{1}{I}$$

图 3.2 使用矩阵来说明 Infit 统计量和 Outfit 统计量的残差均方（MnSq）的计算过程。Outfit 均方（measure square）是未加权的，并且被假设服从一个卡方分布（Linacre，2018b）。Infit 均方则根据题目信息函数（item information function）做了进一步加权处理。Infit 和 Outfit 两个均方统计量的期望值都为 1——接近 1 的值意味着题目和个体对模型的拟合程度好。标准化的 Infit 统计量和 Outfit 统计量遵循均值为 0、标准差为 1 的标准正态分布，接近 0 的值表示拟合程度良好。由于标准化统计量的标准差为 1，因此用标准化统计量来诊断拟合度更为简单。然而，标准化 Infit 统计量和 Outfit 统计量往往会随着样本量的变化而变化（Karabatsos，2000；Smith & Hedges，1982）。在第 4 节，我们将通过例子对这些拟合指标做进一步的阐释。

在 Rasch 测量理论的背景下，区分系数（separation index）的信度反映了所测量的相对位置的再现性。换句话说，区分系数的信度可以评估量表在多大程度上能重复产生估计的位置测量（参数）。我们可以分别获得题目和个体区分系数的信度。题目区分信度（reliability of item separation）表示题目在难度上是否能够充分地区分开来，以代表所测量的构念的方向和含义。怀特和马斯特斯强调，"我们能否成功地确定一条在强度上不断增加的直线，取决于题目被区分

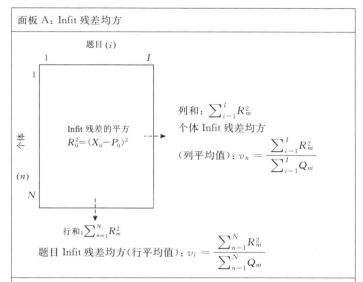

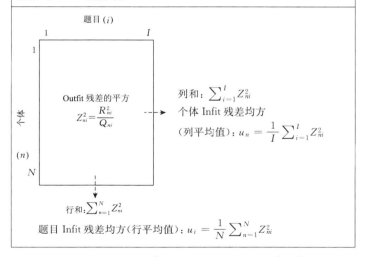

注：残差 $R_{ni} = X_{ni} - P_{ni}$；信息 $Q_{ni} = P_{ni}(1 - P_{ni})$；详细请见 https://www.rasch.org/rmt/rmt231j.htm 和 Engelhard（2013：18）。

图 3.2　Infit 残差均方和 Outfit 残差均方

的程度"（Wright & Masters，1982：91）。另一方面，个体的分离系数（reliability of person separation）反映了测量工具将个体样本分离到不同水平的程度。信度系数的计算公式如下：

$$区分信度 = \frac{SD^2 - MSE}{SD^2} \tag{3.11}$$

其中 SD 是题目（或个体）在 Rasch 量尺上的位置测量值对应的标准差，MSE 是题目（或个体）位置测量值的误差均方。区分系数信度的取值范围从 0 到 1。我们首选较高的值，因为高值意味着题目（或个体）在 Rasch 量尺上被区分的程度比较好。值得注意的是，区分信度系数并不能反映数据的质量。为此，为了评估模型-数据拟合度，仍然建议研究者使用残差统计量和拟合指标来开展评估。区分信度为一个量尺的再现性提供了额外信息，这也是量尺评估的一个重要方面。

第 3 节 ｜ **题目的跨群体不变性校标**

　　实现不变性测量的一个要求是确保对题目的校标结果不随群体的变化而改变。题目的不变性校标应该从三个方面来解释。首先，对不同的被试群体，怀特图中题目的等级序列应该是不变的。其次，根据每个群体估计出来的题目难度在抽样误差的浮动范围内应该是不变的。最后，这些题目应该测量一个不会因为跨群体而改变的构念。

　　测量不变性是一个经验问题，应该与特定客观性或不变性测量的基本假设区分开来（Andrich，1988）。米尔萨普（Millsap，2011）将测量不变性定义为对一个潜在特质的测量不随群体的变化而变化。如果一道题目对能力相同的不同群体（如男性和女性）的表现有所差异，那么就没有实现测量不变性，我们称之为"题目功能差异"。

　　在 Rasch 测量理论中，如果我们调整了个体的总分并将题目置于同一量尺上之后，根据两个及以上不同群体所得到的对题目难度的估计值仍然存在显著差异，那么我们就可以认为，题目功能差异作为统计证据是存在的（Cohen & Kim，1993）。题目功能差异和题目影响（item impact）的重要区别在于，后者指的是两个群体在潜在测量上的实际差异（Dorans & Holland，1993）。

　　题目功能差异会损害评估系统的信度、效度和公平性。它可能会造成群体层面的系统误差，从而影响信度系数。对不同群体，题目的排序可能是不一致的，对个体潜变量的测量可能也是不客观的。彭菲尔德和卡米里（Penfield & Camilli, 2006）指出，检验题目功能差异对评估大规模评估测验（考试）的效度是至关重要的，同时还要检查选择性偏误以及在预测量的潜在构念上的组间差异。如果一个测量工具还测量了非预期的构念（如性别），那么构念效度（construct validity）可能就会受到影响。卡米里（Camilli, 2013）讨论了个体和群体公平性的概念，它们也会受到题目功能差异的影响。第 5 章将对效度、信度和公平性问题做更深入的讨论。

　　在项目反应理论中，对单维性的检验是基于局部独立性（local independence）的原则。局部独立性可表述为：

$$P(X|\theta, G=1)=P(X|\theta, G=2)=\cdots=P(X|\theta, G=k)$$

$$(3.12)$$

　　其中 X 代表观测到的作答，θ 表示要测量的构念或特质，G 表示第 k 个群体或组群。具备一个给定能力水平的个体，无论是在哪个群体，其获得 X 分的概率应该是不变的。当一道题目呈现出题目功能差异的时候，说明除了潜在构念 θ 之外，可能还存在另一个构念在影响着个体得分（或认可一道题目）的概率，这就违反了局部独立性原则。许多估计方法所使用的似然函数都需要满足局部独立性这一假设。

　　检测题目功能差异的方法有很多。首先，我们可以通过绘制题目反应函数或由线来对不同群体在题目难度上的差异进行可视化（图 3.3）。题目反应函数展示了在一道题目上做出肯定回答的概率(y 轴)如何随个体潜在特质水平(x 轴)的变化而变化。我们通过检查不同群体的题目反应曲线是否重合,来直观地判断题目功能差异是否存在。至关重要的是我们需要为不同群体的被试(或受访者)建立一个共同的量尺或尺度(x 轴)。第 4 章将讨论维护或创建一个共同尺度的更多方法。拉朱(Raju,1988)建议通过计算两个题目反应函数之间的面积来检验题目功能差异。Mantel-Haenszel 算法(MH 算法)(Mantel & Haenszel,1959)是另一种基于经典测验理论而开发的检查题目功能差异的常用方法,该方法用于检查不同群体在题目分数上的独立性。洛德(Lord,1977,1980)的 Wald 检验被广泛用于项目反应理论模型,以检验题目参数的估计值在不同群体之间是否有差异。

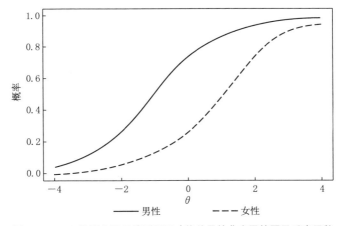

图 3.3 **Rasch 模型中用于检测题目功能差异的非交叉的题目反应函数**

在 Rasch 测量模型中,题目功能差异的检测可以通过两个步骤来实现。第一步是对不同群体建立一个共同的量尺。第二步是使用 Welch t 检验去评估题目难度值在不同群体之间的差异。Welch t 检验也被称为 Welch 异方差 t 检验，以学者伯纳德·路易斯·韦尔奇（Bernard Lewis Welch，1947）命名。它是基于比较两个总体均值的独立样本 t 检验而推演出来的。Welch t 检验适用于比较两个方差不相等和样本量不平衡的总体（Ruxton，2006），因为它对第一类错误（Type Ⅰ error）的增加具有稳健性（Derrick，Toher，& White，2016）。为了检验 Rasch 测量模型中每道题目的题目功能差异，Welch t 检验统计量可以表示如下（Linacre，2018b）：

$$\text{Welch } t = \frac{b_1 - b_2}{联合\ SE} \tag{3.13}$$

$$联合\ SE = \sqrt{SE_1^2 + SE_2^2}$$

$$df = \frac{(SE_1^2 + SE_2^2)^2}{\dfrac{SE_1^4}{n_1 - 1} + \dfrac{SE_2^4}{n_2 - 1}}$$

其中 b_1 和 SE_1 分别是对群体 1 而言题目难度的估计值以及对应的标准误，b_2 和 SE_2 则是群体 2 的结果。主流的分析 Rasch 模型的专业软件（如 Winsteps 和 Facets）都纳入了 Welch t 检验来评估题目功能差异。

第 4 节 ｜ **实例分析**

　　本节以 FIE 量表为例来说明评估模型−数据拟合度的过程。具体而言，我们采用残差统计量及拟合指标（Infit 统计量和 Outfit 统计量）来评估每道题目和每个被试对模型的不拟合情况。对每道题目，我们还将检测在不同群体（男性和女性）之间的题目功能差异。所用的 Facets 语句参见在线附录（https：//study. sagepub. com/researchmethods/qass/engelhard-rasch-models）。

　　表 3.1 显示了个体和题目在 Rasch 量尺上对应位置的测量值以及拟合指标的汇总结果。所有题目的难度的均值 M 为 0，标准差 SD 为 1.57。所有题目的 Infit 残差均方的均值为 0.97，标准差为 0.18。其 Outfit 残差均方的均值为 1.21，标准差为 1.35。较大的标准差表明所有题目的 Outfit 残差均方存在较大差异。题目区分信度（reliability of separation）系数非常高（0.91），意味着有很大的概率可以在该量尺上重现对题目位置的测量。

　　对个体粮食不安全程度的测量以 0 为中心，这样可以实现不同性别群体之间的比较。个体在该量尺上的潜在测量值的标准差为 1.73，略高于题目位置测量值的标准差（1.57）。这表明题目和个体位置测量值分布的离散程度大致相当。

表 3.1　描述性统计量的汇总结果

测　量　值	个　　体	题　目	性　别
M	0.00	0.00	−0.80
SD	1.73	1.57	0.11
N	40	8	2
Infit			
M	0.99	0.97	0.94
SD	0.52	0.18	0.32
Outfit			
M	0.97	1.21	1.05
SD	1.44	1.35	0.82
区分信度	0.64	0.91	0.00
卡方统计量	96.3*	68.7*	0.30
自由度	39	7	1
Rasch 量尺计算的方差		45.66%	

注:* $p < 0.01$。M 表示均值;SD 表示标准差。
资料来源:基于 Coleman-Jensen, Rabbitt, Gregory, & Singh, 2015。

个体区分信度系数为 0.64,卡方检验显著,$\chi^2(39) = 96.3$,$p < 0.01$,意味着我们样本中的个体很好地分散在 Rasch 量尺上的不同位置。

女性和男性在粮食不安全测量上的差异为−0.80,根据区分信度(0.00)和卡方检验的结果,这个差异是不显著的。图 3.4 所示的经验怀特图,分别显示了女性(female,F)和男性(male,M)的分布。以 logits(几率的对数)为单位的 Rasch 量尺显示在第一列,第二列是个体的分布。加号表示个体潜在特质的测量值是正向的——个体在 Rasch 量尺上的位置越高,说明其粮食不安全的程度越严重。接下来的两列呈现了女性和男性的位置测量值。这一显示方式有助于读者直观地了解粮食不安全程度的性别差异。最后一列显示了对题目位置的测量结果,减号表示了一种负向关系——题目在 Rasch 量尺上的位置越高,意味着对该题目越难做出肯定的回答。

```
+-----------------------------------------------------------------+
|测量值|+个体     |+女性      |+男性       |                 |-题目  |
|-----+----------+----------+-----------+-----------------+-------|
|  3  +          +          |           |                 +       |
|     |          |          |           |                 | 8     |
|     |    *.    |    F     |  M   M    |                 |       |
|     |          |          |           |                 |       |
|     |          |          |           |                 |       |
|     |          |          |           |                 |       |
|  2  +          +          |           |                 +       |
|     |          |          |           |                 |       |
|     |   **.    |    F     |  M   M   M   M              |       |
|     |          |          |           |                 |       |
|  1  +          +          |           |                 +       |
|     |          |          |           |                 | 7     |
|     |    *     |    F     |  M        |                 |       |
|     |          |          |           |                 | 1 4 6 |
|  *  0  *  **   |  *  F  F  F  |  M     |              *  |       *
|     |          |          |           |                 | 5     |
|     |   ***    |  F   F   |  M   M   M   M              |       |
| -1  +          +          |           |                 +       |
|     |   ***    |  F   F   |  M   M   M                  |       |
|     |          |          |           |                 | 2     |
| -2  +          +          |           |                 +       |
|     |          |          |           |                 | 3     |
|     |*******   | F  F  F  F | M M M M M M M M M M        |       |
| -3  +          +          |           |                 +       |
|-----+----------+----------+-----------+-----------------+-------|
|测量值| * = 2    | F = 1 女性 | M = 1 男性 |                |-题目  |
+-----------------------------------------------------------------+
```

图 3.4　怀特图

表 3.2　不同粮食不安全程度的群体所对应的残差统计量

群体	区间(logits)	频次	题目 3	题目 2	题目 5	题目 6	题目 4	题目 1	题目 7	题目 8
					面板 A：观测比例					
1	(2, 3)	3	0.67	1.00	1.00	1.00	1.00	0.67	1.00	0.67
2	(1, 2)	5	1.00	1.00	0.80	0.80	0.80	0.80	0.60	0.20
3	(0, 1)	2	1.00	1.00	0.50	0.50	1.00	1.00	0.00	0.00
4	(−1, 0)	10	0.90	0.50	0.60	0.30	0.40	0.40	0.30	0.00
5	(−2, −1)	6	0.67	0.67	0.17	0.33	0.00	0.00	0.17	0.00
6	(−3, −2)	14	0.50	0.36	0.07	0.00	0.00	0.07	0.00	0.00
					面板 B：预测概率					
1	(2, 3)	3	0.99	0.99	0.95	0.92	0.92	0.92	0.86	0.45
2	(1, 2)	5	0.98	0.96	0.86	0.78	0.78	0.78	0.66	0.20
3	(0, 1)	2	0.96	0.91	0.73	0.61	0.61	0.61	0.47	0.10
4	(−1, 0)	10	0.87	0.76	0.47	0.34	0.34	0.34	0.23	0.04
5	(−2, −1)	6	0.71	0.52	0.23	0.15	0.15	0.15	0.09	0.01
6	(−3, −2)	14	0.45	0.27	0.09	0.06	0.06	0.06	0.03	0.00

续表

群体	区间(logits)	频次	题目 3	题目 2	题目 5	题目 6	题目 4	题目 1	题目 7	题目 8
					面板 C：原始残差					
1	(2，3)	3	−0.32	0.01	0.05	0.08	0.08	−0.25	0.14	0.22
2	(1，2)	5	0.02	0.04	−0.06	0.02	0.02	0.02	−0.06	0.00
3	(0，1)	2	0.04	0.09	−0.23	−0.11	0.39	0.39	−0.47	−0.10
4	(−1，0)	10	0.03	−0.26	0.13	−0.04	0.06	0.06	0.07	−0.04
5	(−2，−1)	6	−0.04	0.15	−0.06	0.18	−0.15	−0.15	0.08	−0.01
6	(−3，−2)	14	0.05	0.09	−0.02	−0.06	−0.06	0.01	−0.03	0.00
					面板 D：标准化残差					
1	(2，3)	3	−5.63	0.17	0.40	0.51	0.51	−1.62	0.70	0.77
2	(1，2)	5	0.32	0.46	−0.39	0.11	0.11	0.11	−0.28	0.00
3	(0，1)	2	0.29	0.44	−0.73	−0.32	1.13	1.13	−1.33	−0.47
4	(−1，0)	10	0.30	−1.90	0.81	−0.29	0.37	0.37	0.54	−0.63
5	(−2，−1)	6	−0.22	0.72	−0.37	1.26	−1.03	−1.03	0.66	−0.25
6	(−3，−2)	14	0.38	0.73	−0.24	−0.95	−0.95	0.18	−0.66	0.00

注：题目是按照难度系数进行排序的。

　　为了进行残差分析，我们按照个体在粮食不安全这个潜变量上的测量值，把他们分成了六个区间（interial）（每个区间的宽度为一个 logit 单位）。表 3.2 显示了每道题目的观测比例、基于模型的预测概率，以及原始残差和标准化残差。题目是按难度值进行排序的。每个区间的观测比例和基于模型的预测概率取的是区间内所有个体对应值的均值。

　　FIE 量表题目的 Infit 残差均方和 Outfit 残差均方参见前面的表 2.4。基于均方值（MSE），我们可以把每道题目归到如下几种拟合类别中（Engelhard & Wind，2018）：（1）富有成效的测量（$0.50 \leqslant MSE < 1.50$）；（2）测量成效低但测量结果不失真（$MSE < 0.50$）；（3）测量没有成效但测量结果不失真（$1.50 \leqslant MSE < 2.00$）；（4）测量没有成效且测量结果失真（$MSE \geqslant 2.00$）。FIE 量表中八道题目的 Infit 均方误差值表明所有题目都是富有成效的测量。根据 Outfit 均方误差来判断的话，八道题目中有五道是富有成效的测量。

　　为了提供一个全面的题目评估报告，我们建立了残差档案（residual profile），包括 Infit 残差均方和 Outfit 残差均方、每个粮食不安全区间的原始残差和标准化残差，以及表示标准化残差和有序的个体测量值之间关系的残差图。在这里，我们选择三道题目作为例子来介绍残差档案。根据 Outfit 误差均方，这三道题目的拟合度类别都不是 A 类（表 2.4）。其中，题目 3（表 3.3）的 Outfit 均方值很大，因此被归入拟合类别的 D 类（即测量没有成效且测量结果失真）；根据 Outfit 均方值，题目 4（表 3.4）和题目 8（表 3.5）归属于 B 类（即测量成效低但测量结果不失真)。题目 3 的残差图有一个明显的异常值。但是对于题目 4 和题目 8,它们的标准化残差均在－2 和 2 以内。

需要注意的是,Outfit 拟合指标检测的是整个分布上的异常值。

表 3.3　题目 3(少量食物)的残差档案

题目 3(Infit 残差均方:1.12;Outfit 残差均方:4.50)

群体	区间 (logits)	频次	预测 概率	原始 残差	标准化 残差
1	(2,3)	3	0.99	－0.32	－5.63
2	(1,2)	5	0.98	0.02	0.32
3	(0,1)	2	0.96	0.04	0.29
4	(－1,0)	10	0.87	0.03	0.30
5	(－2,－1)	6	0.71	－0.04	－0.22
6	(－3,－2)	14	0.45	0.05	0.38

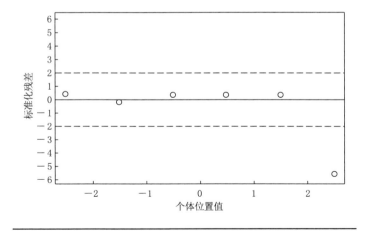

表 3.4　题目 4(省去)的残差档案

题目 4(Infit 残差均方：0.69；Outfit 残差均方：0.47)

群体	区间 (logits)	频次	预测 概率	原始 残差	标准化 残差
1	(2, 3)	3	0.92	0.08	0.51
2	(1, 2)	5	0.78	0.02	0.11
3	(0, 1)	2	0.61	0.39	1.13
4	(−1, 0)	10	0.34	0.06	0.37
5	(−2, −1)	6	0.15	−0.15	−1.03
6	(−3, −2)	14	0.06	−0.06	−0.95

表 3.5　题目 8(全天)的残差档案

题目 8(Infit 残差均方：0.74；Outfit 残差均方：0.23)

群体	区间 (logits)	频次	预测 概率	原始 残差	标准化 残差
1	(2, 3)	3	0.45	0.22	0.77
2	(1, 2)	5	0.20	0.00	0.00
3	(0, 1)	2	0.10	−0.10	−0.47
4	(−1, 0)	10	0.04	−0.04	−0.63
5	(−2, −1)	6	0.01	−0.01	−0.25
6	(−3, −2)	14	0.00	0.00	0.00

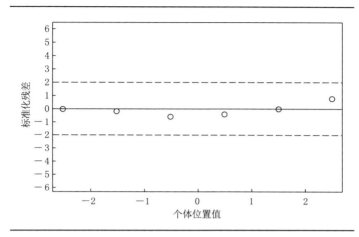

除了上述对题目拟合情况的评估外,我们还应该检查每个个体的拟合度。测量的最终目标是为每个人提供可靠、有效和公平的分数,因此,我们需要检验每个个体和所创建的测量工具是否有良好的拟合。爱德华兹(Edwards,1948)的误差计数方法是一种传统的方法,用于检验基于经验数据的量尺和基于模型的量尺之间的偏差(表 3.6)。为了应用误差计数方法,我们首先根据难度对题目进行排序,从"容易肯定"的题目到"难以肯定"的题目依次按列呈现。此外,我们根据粮食不安全程度对个体进行排序,从最严重到最不严重依次按行呈现。一个理想的古特曼模式假设,如果一个人在一道较难的题目上做出了肯定回答,那么这个人在较容易的题目上也会做出肯定回答。因此在一个基于模型所建立的量尺中,用灰色阴影表示的所有单元格的值应该都为 1。而不符合这一假设的实际作答则被视为误差,在表 3.6 中以粗体表示。这些误差的总数即古特曼误差,是用作反映个体拟合度的一个指标。古特曼误差数量的取值范围是从 0 到 4。表 2.6 中显示的个体 Infit 统计量和 Outfit 统计量也可以和古特曼误差结合使用，共同用于检测个体的拟合度。此外，我们根据个体在八道题目上的标准化残差绘制了残差图。

图 3.5 呈现了几个个体的残差图和拟合指标，这几个个体的误差均方都比较大。个体 23 不仅具有较大的 Infit 值和 Outfit 值，并且在残差图中还有一个异常值——最容易的题目（题目 3）。根据作答模式，这一个体没有在最简单的题目上做肯定回答，却在其余题目上均做出了肯定回答，因此在题目 3 和题目 8 上出现了 2 个古特曼误差。个体 34 也有同样数量的古特曼误差，但由于古特曼误差发生在中等难度的题目上，因此 Outfit 值并没有高得离谱。对于个体 4 和个体 36，标准化残差的差异性较大，并且存在超出 −2 到 2 取值范围的值，他们的古特曼误差有 4 个。

为了比较，图 3.6 显示了 Infit 均方或 Outfit 均方低于 0.5 的个体的残差图。在所有这些残差图中，标准化残差都非常接近 0，并且差异性也较小。作答模式也没有出现古特曼误差。因此，低于 0.5 的误差均方意味着根据 Rasch 模型估计出来的测量结果没有失真，但个体测量值之间的差异性过小可能会导致测量的成效较低。

最后，我们检验每道题目在不同性别组之间是否存在题目功能差异的问题。表 3.7 列出了每个性别组题目的难度值以及 Welch t 检验统计量。此外，图 3.7 显示了题目功能差异分析的 Welch t 值。左边的值表示男性群体对题目的认可度（即做出肯定回答的概率）更高，右边的值表示女性群体对题目的认可度更高。根据结果可以看出，没有一道题目存在

表 3.6　古特曼量尺的再现

PID	测量值	题目 3	2	5	6	4	1	7	8	和	古特曼误差	均方 Infit	Outfit	拟合类别 Infit	Outfit
		−2.38	−1.59	−0.32	0.21	0.21	0.21	0.81	2.86						
22	2.63	1	1	1	1	1	1	1	0	7	0	0.36	0.16	B	B
29	2.63	1	1	1	1	**0**	1	1	**1**	7	2	1.8	1.61	C	C
23	2.63	**0**	1	1	1	1	1	1	**1**	7	2	2.02	9	D	D
13	1.47	1	1	1	1	1	1	0	0	6	0	0.59	0.41	A	B
37	1.47	1	1	1	1	1	1	0	0	6	0	0.59	0.41	A	B
17	1.47	1	1	1	1	**0**	1	**1**	0	6	2	0.81	0.64	A	A
33	1.47	1	1	**0**	1	1	1	**1**	0	6	2	0.81	0.64	A	A
25	1.47	1	1	1	**0**	**0**	1	**1**	**1**	6	4	2.02	1.83	D	C
35	0.67	1	1	1	**0**	1	**1**	0	0	5	2	0.72	0.54	A	A
26	0.67	1	1	1	1	**0**	**1**	0	0	5	2	0.88	0.72	A	A
7	−0.02	1	1	1	**0**	0	**1**	0	0	4	2	0.69	0.55	A	A
9	−0.02	1	1	1	**0**	0	**1**	0	0	4	2	0.87	0.68	A	A
21	−0.02	1	1	**0**	1	**1**	0	0	0	4	2	0.87	0.68	A	A
2	−0.02	1	**0**	1	**0**	**1**	**1**	0	0	4	4	1.4	1.35	A	A

续表

PID	测量值	题目								和	古特曼误差	均方		拟合类别	
		3 −2.38	2 −1.59	5 −0.32	6 0.21	4 0.21	1 0.21	7 0.81	8 2.86			Infit	Outfit	Infit	Outfit
24	−0.72	1	1	1	0	0	0	0	0	3	0	0.54	0.44	A	B
11	−0.72	1	1	0	1	0	0	0	0	3	2	0.72	0.61	A	A
1	−0.72	1	0	1	0	0	1	0	0	3	2	1.16	0.95	A	A
27	−0.72	1	0	1	0	0	1	0	0	3	2	1.16	0.95	A	A
28	−0.72	1	0	0	0	1	0	1	0	3	4	1.49	1.4	A	A
36	−0.72	0	0	1	0	1	0	1	0	3	4	2.13	2.13	D	D
39	−1.51	1	1	0	0	0	0	0	0	2	0	0.40	0.29	B	B
18	−1.51	1	1	0	0	0	0	0	0	2	0	0.40	0.29	B	B
20	−1.51	1	1	0	0	0	0	0	0	2	0	0.40	0.29	B	B
3	−1.51	1	0	1	0	0	0	0	0	2	2	0.92	0.68	A	A
12	−1.51	0	1	0	1	0	0	0	0	2	2	1.39	1.21	A	A
4	−1.51	0	0	0	1	0	0	1	0	2	4	2.16	2.49	D	D
6	−2.6	1	0	0	0	0	0	0	0	1	0	0.55	0.24	A	B
8	−2.6	1	0	0	0	0	0	0	0	1	0	0.55	0.24	A	B

续表

PID	测量值	3	2	5	6	4	1	7	8	和	古特曼误差	均方 Infit	均方 Outfit	拟合类别 Infit	拟合类别 Outfit
		-2.38	-1.59	-0.32	0.21	0.21	0.21	0.81	2.86						
10	-2.6	1	0	0	0	0	0	0	0	1	0	0.55	0.24	A	B
5	-2.6	1	0	0	0	0	0	0	0	1	0	0.55	0.24	A	B
16	-2.6	1	0	0	0	0	0	0	0	1	0	0.55	0.24	A	B
19	-2.6	1	0	0	0	0	0	0	0	1	0	0.55	0.24	A	B
40	-2.6	1	0	0	0	0	0	0	0	1	0	0.55	0.24	A	B
14	-2.6	0	1	0	0	0	0	0	0	1	2	1.04	0.48	A	B
15	-2.6	0	1	0	0	0	0	0	0	1	2	1.04	0.48	A	B
31	-2.6	0	1	0	0	0	0	0	0	1	2	1.04	0.48	A	B
32	-2.6	0	1	0	0	0	0	0	0	1	2	1.04	0.48	A	B
38	-2.6	0	0	1	0	0	0	0	0	1	2	1.04	0.48	A	B
30	-2.6	0	0	0	0	0	1	0	0	1	2	1.52	1.39	C	A
34	-2.6	0	0	0	0	0	0	1	0	1	2	1.62	2.25	C	D

注：古特曼误差用粗体标出，误差是基于爱德华兹的误差计数方法（Edwards，1948）得出的。题目顺序依据题目难度值排序。PID 为个体身份号（Person ID）。

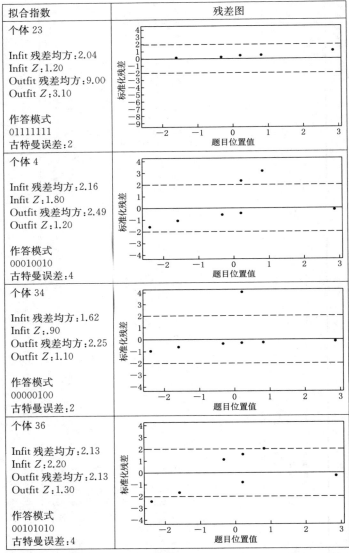

拟合指数	残差图
个体 23 Infit 残差均方:2.04 Infit Z:1.20 Outfit 残差均方:9.00 Outfit Z:3.10 作答模式 01111111 古特曼误差:2	
个体 4 Infit 残差均方:2.16 Infit Z:1.80 Outfit 残差均方:2.49 Outfit Z:1.20 作答模式 00010010 古特曼误差:4	
个体 34 Infit 残差均方:1.62 Infit Z:.90 Outfit 残差均方:2.25 Outfit Z:1.10 作答模式 00000100 古特曼误差:2	
个体 36 Infit 残差均方:2.13 Infit Z:2.20 Outfit 残差均方:2.13 Outfit Z:1.30 作答模式 00101010 古特曼误差:4	

注:作答模式中的题目顺序按照题目难度值排序,顺序为题目 3、题目 2、题目 5、题目 6、题目 4、题目 1、题目 7、题目 8。

图 3.5　误差均方最大的几个个体的残差图

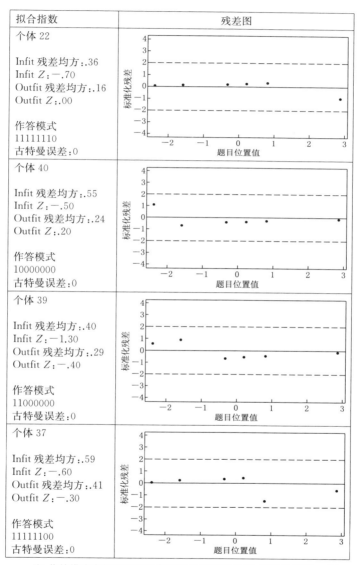

拟合指数	残差图
个体 22 Infit 残差均方:.36 Infit Z:$-$.70 Outfit 残差均方:.16 Outfit Z:.00 作答模式 11111110 古特曼误差:0	
个体 40 Infit 残差均方:.55 Infit Z:$-$.50 Outfit 残差均方:.24 Outfit Z:.20 作答模式 10000000 古特曼误差:0	
个体 39 Infit 残差均方:.40 Infit Z:$-$1.30 Outfit 残差均方:.29 Outfit Z:$-$.40 作答模式 11000000 古特曼误差:0	
个体 37 Infit 残差均方:.59 Infit Z:$-$.60 Outfit 残差均方:.41 Outfit Z:$-$.30 作答模式 11111100 古特曼误差:0	

注:作答模式中的题目顺序按照题目难度值排序,顺序为题目 3、题目 2、题目 5、题目 6、题目 4、题目 1、题目 7、题目 8。

图 3.6　误差均方最小的几个个体的残差图

表 3.7　跨性别群体的题目功能差异

题目	男性		女性		对比	联合误差平方	t	Welch	
	测量值	误差平方	测量值	误差平方				df	概率
3	-1.57	0.49	-4.88	1.47	3.31	1.55	2.13	15	0.050 1
1	0.64	0.59	-0.36	0.66	1.01	0.88	1.14	31	0.263 0
6	0.64	0.59	-0.36	0.66	1.01	0.88	1.14	31	0.263 0
2	-1.57	0.49	-1.66	0.67	0.09	0.83	0.11	26	0.913 3
5	-0.83	0.51	0.57	0.72	-1.40	0.88	-1.60	25	0.122 2
4	-0.29	0.53	1.13	0.78	-1.43	0.95	-1.50	24	0.146 7
8	2.29	0.73	3.73	1.53	-1.44	1.70	-0.85	16	0.407 9
7	0.31	0.57	1.84	0.90	-1.53	1.06	-1.43	23	0.166 2

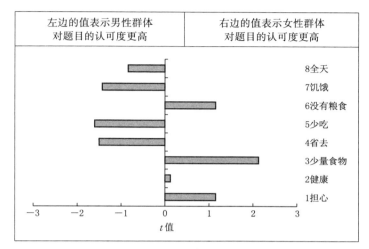

图 3.7 题目和性别的交互图

题目功能差异的问题。然而题目 3 处于临界状态。尽管统计证据上题目 3 的题目功能差异并不显著,但内容专家仍应对该题目的描述进行检查。回想一下,题目 3 的 Outfit 误差均方很大(4.50),说明该题目测量无效甚至可能导致测量结果失真。在检查题目和个体的测量不变性之前,必须首先实现模型和数据的拟合。

第 5 节 | **本章小结**

　　本章聚焦于对模型-数据拟合度的评估，尤其是题目的跨群体测量不变性的评估。具体而言，我们讨论了一个测量问题——题目功能差异。模型-数据拟合度是实现不变性测量的先决条件，它评估了观测到的实际数据是否满足所提出的用来定义潜变量连续尺度的模型（如 Rasch 模型）（Engelhard，2009a）。一个拟合度好的模型建立在满足模型要求的基础上。

　　题目功能差异是一个常见的测量问题，它会影响到 Rasch 量尺的测量不变性。本章介绍了基于 Rasch 测量理论评估题目功能差异的步骤。在过去的几十年间，关于题目功能差异的研究发展迅速，包括针对多分类题目的题目功能差异（Potenza & Dorans，1995）、测验功能差异（differential test functioning，Shealy & Stout，1993），以及评分者功能差异（differential rater functioning，Engelhard，2008b）。霍兰德和魏纳（Holland & Wainer，1993）讨论了识别题目功能差异的主要统计方法，如 SIBTEST 方法（Shealy & Stout，1993）、logistic 回归方法、标准化程序（Dorans & Kulick，1983，1986；Dorans & Schmitt，1991）和似然比检验（Thissen，Steinberg，& Wainer，1993）。《题目功能差异》（*Differential*

Item Functiong）（Holland & Wainer，1993）这本书的作者都
是研究题目功能差异的专家，书的内容涵盖了非常广泛的主
题。此外，研究者和实践者如果想进一步学习测量不变性和
题目功能差异，米尔萨普（Millsap，2011）以及奥斯特林德和
埃弗森（Osterlind & Everson，2009）的两本书也是很好的参
考资料。

　　把表现出题目功能差异的题目从量表中剔除并不总是
最佳的解决方案。如果发现了基于人口统计学特性形成的
不同群体在题目反应函数上存在差异，我们可以探索导致群
体差异的其他因素，这样有助于我们更好地理解不同群体在
题目作答上的差异。通过进一步分析和构念无关的方差，我
们可能会获得针对题目、测验或测验实施过程的修改建议。

　　由于具有不同作答模式的个体可能获得相似的 Infit 值和
Outfit 值，因此对个体作答模式的检查可能有助于发现关于个
体拟合不佳的额外信息。拟合指标应与可视化的图形（如个
体反应函数和残差图）结合使用（Jennings，2017）。聚类分析
（cluster analysis）可用于进一步识别拟合不佳的个体所共有的
特征，比如检查测验的安全性（例如，Perkins & Engelhard，
2013；Wollack，Cohen，& Eckerly，2015）。对个体拟合度的研
究还可用于检测与评分偏差（score bias）和题目功能差异相关
的问题（Bolt & Johnson，2009；Bolt & Newton，2011）。

　　还需要强调的是，我们是针对目标总体来讨论不变性测
量这一概念的；然而，总体中的不同群组（subpopulation）可能
在许多方面会有所不同，例如存在文化差异。在社会科学
中，我们明确地需要"一把适用于每个人的量尺"，就比如 FIE
量表被用于全球（跨国家和文化）范围内测量人们的粮食不

安全程度。用一个全球性的量尺来实现不变性测量是一项极具挑战性的任务。这不仅和用于检验跨国家测量不变性的题目功能差异有关,还与将在第 4 章中讨论的对量尺的维护有关,比如如何创建一个共同量尺以提供跨国家/地区的可比较的测量。

表 3.8 总结了基于 Rasch 测量理论评估题目的心理测量学质量和个体的客观性测量所用到的统计指标和可视化图形。我们在第 2 章中已经讨论了对潜在量尺的经验展示——怀特图以及对题目和个体的校标。本章进一步介绍了评价 Rasch 量表的拟合度指标以及用于对题目和个体拟合度进行可视化的非常重要的图形工具——残差图。Infit统计量和 Outfit 统计量量化了实际和预期反应之间的差异,在实际应用中建议采用拟合度类别的分类方法。

表 3.8　Rasch 测量理论评估测量质量的统计指标以及图形

指标和图形	1. 对题目的评估	2. 对个体的评估
1. 怀特图	题目在潜变量尺度上处于什么位置?	个体在潜变量尺度上处于什么位置?
2. 对参数的估计和定位	每道题目的位置值是多少(难易程度)?	每个个体的位置值是多少(能力高低)?
3. 参数估计值的标准误	每道题目被标定(估计)的准确程度如何?	每个个体被标定(估计)的准确程度如何?
4. 区分信度	题目难度的分散程度如何?	个体位置(能力)的分散程度如何?
5. 卡方统计量	题目之间的总体差异是否统计显著?	个体之间的总体差异是否统计显著?
6. Infit 统计量和 Outfit 统计量(误差均方)	每道题目是否拟合 Rasch 模型?	每个个体是否拟合 Rasch 模型?
7. 未标准化残差和标准化残差	每个观测(实际)作答和期望作答的差异有多大?	每个观测(实际)评分和期望评分的差异有多大?

指标和图形	1. 对题目的评估	2. 对个体的评估
8. 用于质量控制的图表（展示残差）	哪些作答比基于 Rasch 模型的期望值要高或者低？	哪些作答比基于 Rasch 模型的期望值要高或者低？
9. 题目功能差异和个体功能差异	题目难度对不同群体是不变的吗？	个体位置（能力）对不同题目是不变的吗？
10. 单维性（方差的百分比）	可以用一个单维 Rasch 模型来代表数据吗？	

第**4**章

维护 Rasch 量尺

　　本书关注四个基本的测量问题：（1）定义潜变量；（2）题目功能差异；（3）题目的互换性；（4）标准设定。本章聚焦于第三个问题，即题目的互换性。在此情况下，测量的目标在于，不管选用哪些具体的题目或量表来测量个体在潜变量上的位置，都要保持对潜变量的定义是不变的。在这一章中，我们讨论如何通过维护 Rasch 量尺来解决这一测量问题。

　　测量的一个核心目标是定义一个由单维连续尺度（uni-dimensional continuum）表示的潜变量。Rasch 量尺提供了一种定义潜变量或构念的方法，并用怀特图来表示。代表潜变量的连续尺度可以用不同的题目进行操作化处理，但该连续尺度对潜在构念的代表性应该保持稳定和不变，意识到这一点是至关重要的。拉扎斯菲尔德认识到了不变性测量的重要性，他指出：

　　　　在对宽泛的社会和心理概念形成测量指标的时候，我们通常是从概念及其相关意象所建议的大量可能的题目中选择相对少量的题目。这些指标的一个显著特点是，无论从与概念相关的广泛题目集里"抽取"了哪些题目，它们与外部变量的相关性通常都是大致相同的。

这种相当惊人的现象被称为"指标的互换性"。（Lazars-feld，1958：113）

这句话强调了可互换题目或量表的重要性，它们为测量个体提供了可比较的指标。在本章，我们将讨论在社会科学中保持 Rasch 量尺不变的重要性，其目标是无论选用哪些特定题目来测量一个个体在潜变量上的分值，对这一个体的测量结果都是不变的，也就是对个体实现了不变性测量。我们继续以 FIE 量表为例进行介绍。

第 1 节 │ 测量同一构念的可比较的量尺

测量的一个重要目标是不管选用哪些具体的题目或量尺来测量个体在潜变量上的位置，都要保持对潜变量的定义是不变的。信度、效度和公平性是评估通过测量工具所获得的分值的三个最基本的测量学质量指标。除了这三个质量指标之外，梅西克（Messick，1994）还明确提到了第四个概念——可比性（comparability）——作为所有测量工具都应该满足的一个基本的测量学质量指标。莫斯（Moss，1992）也强调了一些特定的测量学质量指标，其中就包含了可比性，并将其作为衡量使用分数所引起的后果时必须考虑的要点之一。可比性概念强调的目标是从不同的题目子集或不同的量尺可以获得可比较的分数。继梅西克（Messick，1994）之后，麦斯雷弗（Mislevy，2018）将可比性定义为，通过链接不同的题目子集或不同的量尺，生成对潜变量的共同定义。他强调了保持可比较的分数的重要性。在某种意义上，我们期望测量一个构念的不同量尺是可互换的，以确保基于不同题目所组成的测量工具所得到的个体分数是可以进行比较的。梅西克强调了在测量潜变量时实现可比较量尺的重要性，他说道：

无论何时对个体或群体进行排名,分数的可比性对规范性或问责性目的显然都是很重要的。然而,即使不对个体进行直接的比较,而是按照统一的标准来衡量,分数的可比性也同样重要。我们需要这种分数可比性来证明两个人的表现在某种意义上符合相同的地方、区域、国家或国际标准。(Messick,1995:7)

我们可以通过维护 Rasch 量尺的稳定来获得可比的量尺,但有一个前提条件是,所有工具都测量相同的构念。换句话说,维护一个量尺的最终目标是通过建立一个恒定的测量潜变量的度量尺度,使得基于不同组合的题目所得分数具有可比性。图4.1通过两把量尺进行说明。首先,我们要有一个要测量的构念,测量的目标是获得一个物体在这个连续

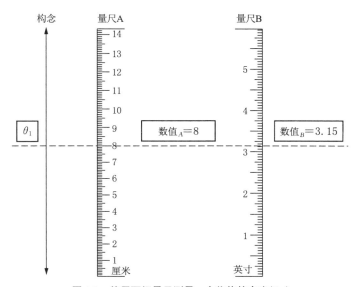

图 4.1 使用两把量尺测量一个物体的高度(θ_1)

尺度上的位置的估计值(θ_1)。接下来,我们将构念定义为高度,并希望测量这个物体的高度。量尺 A 得到的值为 8,而量尺 B 得到的值为 3.15。然而,我们注意到,即使这两把量尺显示了不同的数值,该物体的高度也是不会改变的。最后,我们要认识到可以通过一个常数将量尺 A 转换到和量尺 B 相同的尺度上(反之亦然)。当然,读者会意识到这两个量尺是基于不同的度量单位(厘米和英寸),通过一个简单的转换公式就可以获得可比的分数,从而保持其含义的跨量尺不变性(1 厘米=0.394 英寸,1 英寸=2.54 厘米)。社会科学中的潜变量也会出现类似的问题,但人们没有特别意识到这个问题。

第 2 节 | **个体的跨量尺不变性测量**

一旦一个量尺被开发出来,保持该量尺的心理测量学质量就非常重要。该过程的一个关键方面是,采用不同题目对个体的测量结果应该保持不变,甚至采用不同的量尺也应如此。让我们回顾一下 Rasch 测量理论对不变性测量的要求之一:

> 两个个体(被试)之间的比较应该独立于所考虑的类别中作为比较工具的特定刺激(题目)。(Rasch, 1961:331)

因此,这些题目应该是可以互换的,并且可以被看作从一个包含所有可能题目的大题库中所抽取的一组测量指标,这个题库中的所有题目是为了测量同一构念而设计的。本章聚焦于维护量尺的稳定,包含了可以互换使用的题目,以实现对个体的测量不随题目而变化。例如,我们开发了一个测量身高的量尺并定义了单位(如英寸、厘米),在使用的时候,我们无需考虑具体使用的是哪一把量尺。其要点是,虽然我们可以采用不同的测量工具来定义潜变量,但要以某种方式来保持潜变量的稳定性,使得根据不同测量工具得出的分数之间具有可比性。

　　本书所讨论的 FIE 量表在国际上应用广泛，它还被用于盖洛普世界民意测验（Gallup World Poll）（http://www.gallup. com/poll/105226/world-poll-methodology. aspx）。创建 FIE 量表是为了确定一个测量粮食不安全程度的全球参照量尺（Caifiero, Viviani, & Nord, 2018）。各国实际使用的题目可能会因所采用的语言的差异以及每个国家社会和文化背景的具体情况而有所不同。通过调整每个国家的量尺，使之与全球参照量尺相匹配，从而实现为 FIE 量尺保持一个共同度量（common metric）的目标。这些调整涉及将不同的量尺链接起来，获得不同国家在粮食不安全上可比较的估计值。巴拉德、吉普尔和卡菲罗认识到创建具备度量等值性（metric equiv-alence）的量尺这一问题。关于其目标，他们这样说道：

　　　　在不同时期、不同国家和不同社会经济背景下，以一种有意义和可比较的方式将人们划分为不同的粮食不安全等级。做到这一点需要：①建立量尺的度量等值性；②将个体划分为不同的食物安全等级的时候，要考虑某些题目的严重程度对有些国家可能会有所差异。（Ballard，Kepple，& Caifiero，2013:37）

　　我们仍然可以借助 Rasch 测量理论来建立度量等值性，主要通过锚定（anchoring）和标定（scaling）在不同背景或条件下获得的个体参数的估计值来实现，从而确保它们都被表示在一个共同的量尺上。

　　表 4.1 说明了链接不同量尺的基本原则。粮食不安全

是用一个包含八道题目的全球参照量尺来定义的。为了举
例说明，我们假设创建了两个不同的量尺，每个量尺包含了
这八道题目的不同子集，这些题目为适应不同的文化还做
了相应的调整。量尺 A 由题目 1—题目 5 组成，而量尺 B 由
题目 3—题目 8 组成。假设我们知道一个人的粮食不安全程
度 $\theta_1 = -0.25$，该值是由这个人在全球参照量尺（global ref-
erence scale）上的位置决定的。如果我们用量尺 A 来测量这
个人，那么我们预期此人会对位于其所在位置或以下的题目
（题目 1—题目 4）回答"是"（得 1 分），而对其所在位置以上的
题目（题目 5）回答"否"（得 0 分）。类似的，如果用量尺 B 来
测量这个人，此人也会对量尺 B 中的题目 3—题目 4 或以下
的问题回答"是"，对题目 5—题目 8 及以上的问题回答"否"。
因此，这个人在量尺 A 上的预期分数为 4，在量尺 B 上则为
2，而此人在全球参照量尺上的位置则是保持不变的（$\theta = -0.25$）。总分取决于所使用的特定题目和量表，而 Rasch 测
量理论则提供了一种调整基于不同量尺得到的总分的方法，
可以产生不变的和可比较的个体分数。

表 4.1　采用两个量尺（A 和 B）对个体粮食不安全程度（θ_1）测量的不变性

全球参照量尺	题目	标签	个体	量尺 A	量尺 B
1.83	8	全天			0
0.80	7	饥饿			0
0.45	6	没有粮食			0
0.41	5	省去		0	0
−0.25	4	少吃	$\theta_1 = -0.25$	1	1
−0.90	3	健康		1	1
−1.09	2	少量食物		1	
−1.26	1	担心		1	
			总分	4	2

第 3 节 | 实例分析

　　本节将通过例子介绍如何将两个量尺链接起来,从而获得对潜变量的可比的测量。所用例子是从本书的数据中抽取的题目子集,如表 4.2 所示。此次调查共有 40 人参与,前 20 人回答了由原始 FIE 量表中的前五道题目(题目 1、题目 2、题目 3、题目 4 和题目 5)定义的量尺 A,后 20 人回答了原始 FIE 量表中的后六道题目(题目 3、题目 4、题目 5、题目 6、题目 7 和题目 8)组成的量尺 B。题目 3、题目 4 和题目 5 作为一组共同题目链接起来并且被包含在两个量尺中,以建立一个共同度量。在教育测验中,这被称为具有共同题目的非等组设计(common item nonequivalent groups design)。回答不同量尺题目的群体不需要具有相同的分布。共同的题目可以将这两个量尺链接起来,并建立一个共同度量。

表 4.2　两个 FIE 量尺

			题		目			
量尺 A	1	2	3	4	5			
量尺 B			3	4	5	6	7	8
个体								
1	1	0	1	0	1			
2	0	0	1	1	1			
3	0	0	1	0	1			

续表

	题	目					
量尺 A	1	2	3	4	5		
量尺 B			3	4	5	6	7	8
个体							
4	0	0	0	0	0			
5	0	0	1	0	0			
6	0	0	1	0	0			
7	1	1	1	0	1			
8	0	0	1	0	0			
9	1	1	1	0	0			
10	0	0	1	0	0			
11	0	1	1	0	0			
12	0	1	0	0	0			
13	1	1	1	1	1			
14	0	1	0	0	0			
15	0	1	0	0	0			
16	0	0	1	0	0			
17	0	1	1	1	1			
18	0	1	1	0	0			
19	0	0	1	0	0			
20	0	1	1	0	0			
21			1	1	0	1	0	0
22			1	1	1	1	1	0
23			0	1	1	1	1	1
24			1	0	1	0	0	0
25			1	1	0	0	1	1
26			1	1	0	1	0	0
27			1	0	1	0	0	0
28			1	1	0	0	1	0
29			1	1	1	1	1	1
30			0	0	1	0	0	0
31			0	0	0	0	0	0
32			0	0	0	0	0	0
33			1	0	1	1	1	0
34			0	0	0	0	0	0

续表

	题　目							
量尺 A	1	2	3	4	5			
量尺 B			3	4	5	6	7	8
个体								
35			1	1	1	0	0	0
36			0	1	1	0	1	0
37			1	1	1	1	0	0
38			0	0	0	0	0	0
39			1	0	0	0	0	0
40			1	0	0	0	0	0

　　将两个量尺通过共同题目链接起来的步骤遵循的是怀特和斯通(Wright & Stone,1979)的建议(具体过程见表 4.3)。首先,对每个量尺包含的题目分别进行校标。然后计算共同题目(题目 3、题目 4 和题目 5)在位置上的差异(第 4 列,A—B)。可以看到题目位置的平均差异为 0.85,该值就被定义为获取题目在一个调整后的量尺上位置的链接值,这个调整后的尺度对两个量尺是相同的。调整后的量尺(第 7 列)是在一个共同参照量尺的基础上对两个量尺进行校标而得到的。这种共同题目链接的过程(基于共同题目的均值偏移)被广泛应用于教育测验。

　　一个共同量尺也可以通过同时校标两个量尺而获得,这时候需要将没有让一个群体作答的题目设为缺失值(这些缺失值是有意设计的)。该方法通过对全部作答数据的同步校标(concurrent calibration)来产生一个总体量尺。从表 4.3 中的最后三列可以看出,这两种方法得出的结果非常相似,在对题目位置进行标准化处理之后,所得到的在调整后的 Z 尺度上(adjusted Z scale)的估计值和在总体 Z 尺度(total Z

表 4.3　通过共同题目链接两个量尺

题目	量尺 A	量尺 B	A−B	B+链接值	(A＋B＋链接值)/2	调整后的量尺	总体量尺	调整后的 Z 尺度	总体 Z 尺度	差值
1	1.51					1.51	0.63	0.51	0.38	0.13
2	−1.02					−1.02	−1.60	−1.08	−0.95	−0.13
3	−3.15	−1.85	−1.30	−1.00	−2.08	−2.08	−2.96	−1.75	−1.76	0.02
4	2.16	−0.59	2.75	0.26	1.21	1.21	0.25	0.32	0.15	0.17
5	0.50	−0.59	1.09	0.26	0.38	0.38	−0.35	−0.20	−0.21	0.01
6		0.43		1.28		1.28	0.71	0.36	0.42	−0.06
7		0.43		1.28		1.28	0.71	0.36	0.42	−0.06
8		2.16		3.01		3.01	2.61	1.45	1.55	−0.10
均值			0.85			0.70	0.00	0.00	0.00	0.00
标准差						1.59	1.68	1.00	1.00	0.11

注：调整后的量尺是通过一组共同题目建立的，这组共同题目决定了两个量尺如何被链接（链接值＝0.85），而总体量尺是基于对两个量尺的同步校标而得到的。Z 量尺经过了标准化处理，均值为 0.00，标准差为 1.00。

scale)上的估计值很相似，其差异非常小。一旦开发了用于链接不同量尺的一个调整后的量尺，那么无论不同国家使用什么特定的题目或量尺，都可以借助 Rasch 测量理论来获得它们在粮食不安全上的可比较的估计值。首先对 FIE 量表按不同国家分别进行校标，然后通过调整以形成一个全球参照量表。同步校标的方法也可以获得相似的结果。

第 4 节 │ **本章小结**

　　本章讨论了保持测量同一个潜变量或构念的不同量尺的可比性问题。重点关注了如何对个体建立跨题目子集的不变性测量。根本目标是在一个潜在的连续尺度上实现测量的不变性，对个体的测量不随特定的题目或量尺的变化而变化。无论使用哪种特定的题目和量尺来测量个体在潜变量上的位置，对潜变量的定义都应保持不变。

　　有多种方法可以用于维护基于不同题目子集所得分数的可比性，在本章中，我们讨论了两种方法：共同题目链接法（common item linking）和同步校标量尺法（simultaneous calibration of scales）。共同题目链接法是指，确定一组题目，将它们纳入多个量尺，然后通过这组题目将这些不同的量尺链接起来。我们可以利用共同题目（量表或测量工具）的题目位置的平均值，也可以通过同步校标的方法，将不同量尺链接到一个参照量尺上。同步校标法会将未施测的题目视为设计的缺失值。

　　研究者应当维护一个不变的 Rasch 量尺去代表潜变量，原因有以下几点。第一个原因和翻译问题有关：当一组特定的题目跨文化表达比较困难时，就会出现翻译问题。第二个原因是，在评估公共政策变化的影响时，研究者可能不希望人们在每个时间点回答的是完全相同的题目。第三个原因是，研究者可能需要用一些目标题目测量同一个构念的极端水平（例如，粮食不安全程度低或高），这些题目仍然要链接到潜在的连续尺度。就比如自然科学领域的研究者在测量冰川、人和火山的温度时所使用的工具并不相同，但他们认为在一个扩展的连续尺度上的温度都是有意义的。最后一个原因是，我们经常使用较短版本的量表作为筛选工具。比如，我们可能需要一个较短版本的 FIE 量表（如只有三道题目），供儿科医生识别出儿童的粮食不安全风险。对所有这几种情况，我们都应该采用共同题目来链接不同量表（或量尺），从而产生可比较的个体分数。

当我们为关键构念（如粮食不安全）构建 Rasch 量尺时，有一点很重要，那就是我们为在相关领域从事学术和政策研究的学者提供的这把量尺应该是稳定的，不会随时间和空间而变化。对同一个关键构念的测量，有可能存在多个可比的量尺。从概念上讲，潜变量与量尺所包含的具体题目子集是可以分离的。例如，我们没必要使用一把特定的尺子来测量身高，因为所有的尺子都是可以互换的。我们的目标是将关注点从特定的题目和量尺转移到构建一套稳定的构念，这些构念是由不变的度量尺度来定义的，我们可以利用这套构念加深对世界的理解。本章介绍的方法基于嵌入各量尺的共同题目，这些题目可以把不同量表链接起来，从而提供连贯的测量潜变量的指标。在教育测验中，构建一个适用于不同套试题的潜在连续尺度的心理测量学方法被称为等值。此外，用于链接量尺的方法也有很多，但这些方法超出了本书的讨论范围。有兴趣的读者可以参阅科伦和布伦南的著作（Kolen & Brennan，2004）。

第 **5** 章

使用 Rasch 量尺

　　当我们创建好了一个 Rasch 量尺，就要考虑和使用该量尺相关的许多问题，这一点也非常重要。对基于 Rasch 量尺得到的个体分数，我们可以根据《教育和心理测验标准》[以下简称《测验标准》(*Test Standards*)]（AERA，APA，& NCME，2014）进行解释和使用。《测验标准》主要围绕三大测验基石展开：

- 效度（validity）；
- 信度（reliability）、精确度（precision）和测量误差（errors of measurement）；
- 公平性（fairness）。

　　基于上面的每个基础领域，心理测量研究根据量表的预期目的，聚焦于对个体得分的使用。虽然《测验标准》反映了测量界的共识，但关于如何评估一个量尺的心理测量学质量仍存有争议。本章将逐一介绍这三个领域，并特别关注不变性测量的要求与这几个基础领域是如何相关联的。本章还将讨论《测验标准》中与使用 Rasch 量尺相关的基础知识。我们需要注意的是，当量尺被用于某项研究时，研究者仍然有责任对量尺进行批判性的评估，并定期维护量尺的稳定性。此外，当我们将基于量尺所得到的分数用于开展研究、发展理论和制定政策时,《测验标准》可以为我们如何评估这些得分提供很好的指导。

研究者创建量尺并将个体得分用于各种各样的目的。其中一个目的是为政策制定提供信息,量尺在政策制定方面最常见的用途是在一个连续尺度上设置切割分数(cut scores)或临界点(critical points),以确定有意义和有序的类别。不同个体据此被归入这些类别——这一过程被称为标准设定(Cizek,2012;Cizek & Bunch,2007)。基于 Rasch 量尺设定切割分数从而在连续尺度上确定有意义的类别的方法有很多种。教育测评领域的例子包括美国的全国教育进步评估(NAEP)中所使用的成绩等级,如基本(Basic)、专业(Proficient)和高级(Advanced)(Hamm,Schulz,& Engelhard,2011)。

本书使用的 FIE 量表在用于为粮食不安全相关政策的制定提供信息时,其测量结果通常被分为三类(粮食安全、中度粮食不安全和严重粮食不安全)。因此,批判性地评估量表得分是否可以用来指导研究、理论和政策制定是非常重要的。

第 1 节 | 测验的三大基石

本节将介绍测验的三大基础领域。对每个基础领域，我们将讨论它们是如何与 Rasch 测量理论中的不变性测量要求相关联的，同时还将介绍《测验标准》规定的相关评估标准。人们还没有普遍认识到，关于量表得分意义和解释的推论，其合理性需要证据去支持，而这些证据在很大程度上嵌入用于指导量尺开发的测量理论中。正如拉扎斯菲尔德所指出的：

> 概念的形成、意义和测量问题必然会相互交织在一起……行为科学中的测量、分类和概念的形成面临着特有的难题。这些问题可以通过各种方法来解决和应对，只有仔细分析每种方法及其和替代解决方案的关系，才能澄清该方案试图解决的问题本身。（Lazarsfeld，1966：144）

Rasch 模型为解决这些测量问题提供了一种方法，其基础是利用不变性测量的原则建立的一套统一的准则。对量表心理测量学质量的评估主要取决于效度、信度和公平性这三个基本方面。

效度

　　不变性测量的要求包括:对个体实现不随题目而变化的测量、对题目实现不随个体而变化的校标,以及用一个单维的量尺来表示构念(潜变量)。

　　《测验标准》给出了当前学界对效度的共识:

　　　　效度是指证据和理论在多大程度上支持对测验分数的预期解释。因此,在开发和评估测验时,效度是要考虑的最根本的要素。效度分析过程涉及相关证据的收集,为所建议的对分数的解释提供合理的科学基础。(*Test Standards*,2014:11)

　　其关键点在于,"针对测验的每一个特定用途,都应该详细说明对测验结果的预期解释是什么,并应提供支持每种预期解释的合理的效度证据"(*Test Standards*,2014:13)。需要注意的是,在本书中,我们使用的是 Rasch 测量理论。在确定用哪些指标来评估为支持分数的意义和用途而收集的证据时,测量模型的选择起着非常重要的作用。

　　表 5.1 列出了《测验标准》对三类效度证据的描述。我们给出了每一类的关键问题,并对可以为这些效度提供证据来源的指标给出了建议。

　　第一类侧重于确定量表分数的预期用途和解释。[①]如表

---

　　① 　文中量表分数(Scale Score)指的是基于 Rasch 量尺得到的分数,而不是量表作答得分的简单加总分数(原始分数)。——译者注

表 5.1　关于效度的三个类别所涉及的关键问题和证据来源

类　别	关键问题	证据来源
I. 明确预期的用途和解释	要测量的构念（潜变量）是什么？量表分数的预期用途以及预想的实质性含义是什么？	对构念的定义 对量表的描述 怀特图（预期的/预设的）
II. 与样本和情景相关的问题	在为支持量表分数的预期解释和使用收集效度证据时，所用到的样本和情境是什么？	对样本和观测情境进行详细的描述
III. 具体形式的效度证据		
A. 测验内容	量表题目的内容是否和潜变量的定义相匹配？	专家判断 内容效度研究（一致性） 题目层级的经验证据 怀特图（实际的）
B. 作答过程	如何对个体的作答进行分类，以代表他们在 Rasch 量尺上的位置和水平？	评分规则 模型-数据拟合度（个体拟合度） 个体反应函数 基于质性方法的认知研究
C. 内部结构	题目和个体的顺序是否和预设 Rasch 量尺的理论预期相吻合？	怀特图 模型-数据拟合度（个体、题目） 对题目顺序和个体顺序的评估 单维性
D. 和其他变量的关系	依据量表分数和其他变量的关系对个体进行排序的话，所得顺序是否如潜变量的理论框架所预期的那样？	关于量表的研究计划 跨不同群体的题目功能差异 跨不同潜变量的个体功能差异 和标准相关的证据
E. 测验的后果	使用量表分数有哪些潜在的预期和非预期后果？	关于量表的研究计划

5.1 所示,我们认为这一类所反映的问题涉及量表分数的使用、解释以及预期的潜在意义。在教育领域,分数的预期用途通常包括对学生的学业表现提供过程性(formative)和总结性(summative)的信息,以帮助改善教与学。对于社会科学研究者而言,则会更关注在一个宽泛的理论框架下构念的定义以及量表分数的含义。开发 FIE 量表的目的是定义粮食不安全这一构念。图 1.6 的怀特图用映射到一条直线上的一组题目来表示对粮食不安全这一构念的定义。

　　第二类要求提供的效度证据与开发量尺时所涉及的个体有关,还包括对情境的考虑。其中一个重要方面是为"该量尺是否适用于研究者计划所纳入其研究的群体"这一问题提供指导。我们必须认识到,虽然 Rasch 测量理论为实现不变性测量提供了机会,但 Rasch 测量理论所使用的特定客观性概念强调,对每个特定的数据,我们必须检验特定客观性

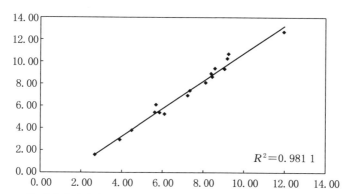

注:家庭粮食安全调查模块的题目位置被标定在 0 logits 到 14 logits 的尺度上,均值为 7 logits(Engelhard et al.,2016)。

资料来源:基于 Coleman-Jensen, Rabbitt, Gregory, & Singh, 2015。

图 5.1　家庭粮食安全调查模块的 2012—2014 年的题目位置(y 轴)和锚定的 1998 年题目位置(x 轴)的相关图

要求是否得到满足。为了评估量尺的不变性，我们不仅要检验模型和数据之间的拟合度，而且要持续评估量尺在特定人群中是否按预期在发挥着作用。例如，恩格尔哈德和拉比特（Engelhard & Rabbitt，2016）展示了家庭粮食安全调查模块中的题目位置参数是如何随着时间的推移而保持不变的（图 5.1）。

最后一类（即第三类）包含了五种具体形式的效度证据，以支持对量表的解释和使用：

证据 A.测验内容（test content）；

证据 B.作答过程（response processes）；

证据 C.内部结构（internal structure）；

证据 D.与其他变量的关系（relationships to other variables）；

证据 E.测验的后果（consequences of testing）。

下面依次介绍每种形式的效度证据。

测验内容直接反映了潜变量是如何通过题目和任务来定义的，这些题目和内容为个体的作答反应提供了刺激。有以下几种特定形式的证据可用于评估题目的内容是否与构念的本义相匹配。首先，来自专家的判断可作为一种证据来支持题目的意义。其次，在教育领域，内容效度（content validity）研究可以包括常用于评估量表题目质量的一致性（alignment）研究。还有一个重要的证据来源于实施量表之后所获得的实际怀特图。可以通过检查怀特图来评估是否获得了预期的题目顺序（即题目层级）。例如，FIE 量表的题目是按照从容易做出肯定回答（题目 2：还是回忆一下在过去的 12 个月中，你是否有段时间因为缺钱或其他资源而吃不到健康营养的食物？）到很难做出肯定回答（题目 8：在过去的 12 个月中，你是否有段时间因为缺钱或其他资源而全天不吃东西?)的顺序进行排列的。这种题目层级可以为量表分数在潜变量上的意义提供经验证据。

　　作答过程指的是如何对人们在量表上的作答情况进行分类。它还为评估个体是否按预期与量表上的题目进行了互动提供了相关证据。例如,在使用等级量表(如李克特量表)的情况下,检查个体如何使用量表是很重要的。评估等级量表的功能有多种标准(Engelhard & Wind,2018)。我们也可以采用个体拟合度来确定一个人的作答模式是否异常。此外,认知研究(cognitive studies),如"讲述思维过程(think-aloud)"的方法,也可以用来评估人们的作答过程。

　　与量表内部结构相关的效度证据可以通过几种方式来收集。这类证据检验的是题目和个人的排序是否符合一个预设的 Rasch 量尺。实际怀特图同时显示了个体和题目在量尺上的顺序。研究者可以检查包含了模型-数据拟合度(题目拟合度和个人拟合度)的怀特图,以判断来自量表内部结构的证据是否支持"量表如预设那样代表了潜变量"这一推断。此外,对总体的模型-数据拟合度以及单维性的检验也为评估量表的内部结构提供了信息。

　　评估量表效度的另一个重要信息来源是从和其他变量的关系中获取的证据。我们要考虑量表分数与其他关键变量之间的相关性如何,这样做有助于为量表建立更广泛的理论支持。此外,我们还检验题目、个体和量表的跨群体和跨题目集的功能。关于题目功能差异的证据(测量不变性)经常被用于教育和心理评估中。个体功能差异正在成为另一个证据来源。我们还可以提供各种与标准相关的证据来支持量表的效度。

最后，我们要考虑测验的后果，这一点也非常重要。量表和个体得分都是针对某个特定目的而开发的，因此对于预期和非预期的后果，我们都应该去评估。在政策背景下，我们对潜变量的定义（例如，我们如何定义粮食不安全）会对为改善问题而制定的政策产生深远影响。例如，基于对题目功能差异的分析，田中、恩格尔哈德和拉比特（Tanaka, Engelhard, & Rabbitt, 2019）发现，在粮食不安全水平相同的家庭中，参与补充营养援助计划（Supplement Nutrition Assistance Program，SNAP）的家庭报告的粮食不安全水平要高于没有参与该计划的家庭。关于 SNAP 和粮食不安全自我报告的这一明显悖论，田中等人（Tanaka et al., 2019）也做了详细的讨论。

我们出于研究的目的创建了量表，因此与如何恰当使用量表相比，我们可能更重视量表分数的解释和意义。这样造成的一个后果是，我们可能不需要这里列出的所有证据来支持研究的预期目的，同时也说明我们给予每一类效度证据的权重可能会因研究目的的不同而有所变化。归根结底，我们是在收集相关证据以说服包括研究人员在内的实践共同体认可量表分数的意义和使用方法。从广义上讲，效度可被视为量表分数的意义、解释和使用的不变性。

信度

广义上的信度涉及检测量表分数在不同条件下的一致性。正如《测验标准》中指出的，信度是指"在一个测验被重复实施时，所得分数的一致性（consistency）或精确度"（*Test*

Standards，2014：33）。关于信度的这一观点与不变性测量的概念密切相关。事实上，对一致性的评估可以看作对"不同条件下个体排序保持不变"这一假设的检验，比如在不同时间点和使用不同的题目集（测验的不同试卷）。传统的基于信度系数的信度，关注的是群体内个体的排序，而精确度的概念涉及在估计每个个体在量尺上的位置时有多少不确定性。还应该注意的是，Rasch 测量理论所具有的对称性和二元性为我们提供了一个框架，基于该框架，可以将一致性和精确度的思想扩展到题目在量尺上的位置。

表 5.2 关于信度的八个类别所涉及的关键问题和证据来源

类　　别	关键问题	证据来源
Ⅰ. 确定重复条件（研究）	评估系统的哪些方面是不变的？	对量表的研究计划
Ⅱ. 评估信度和精确度（研究）	可以识别的误差和不确定性都来源于何处？	对量表的研究计划
Ⅲ. 信度系数和概化（generalizability）系数（指标）	需要哪些信度和一致性指标？	个体和题目的区分信度
Ⅳ. 影响信度和精确度的因素（研究）	哪些类型的变异性可能会影响量表分数？	对量表的研究计划
Ⅴ. 测量的标准误差（指标）	测量的标准误差是多少？	测量个体的标准误差测量题目的标准误差
Ⅵ. 决策的一致性（指标）	政策类别的一致性水平是怎样的？	测量决策一致性的指标
Ⅶ. 群体均值的信度和精确度（研究）	对群体均值而言，评估系统的哪些方面是不变的？	对量表的研究计划
Ⅷ. 记录信度和精确度（归档）	采用什么方法来汇报对量表分数精确度的估计？	对量表分数的不变性进行记录存档

《测验标准》从八个相互关联的类别介绍了信度的相关标准。表 5.2 对每个类别做了简要介绍。这些类别可以归到三个相互关联的主题：研究（research）、指标（indicators）和归

档（documentation）。其中，类别Ⅰ、类别Ⅱ、类别Ⅳ和类别Ⅶ和研究计划有关，该研究计划为评估量表在不同情况下对个体的测量结果的一致性和准确性提供了证据。类别Ⅲ、类别Ⅴ和类别Ⅵ讨论了可用于评估量表分数一致性和精确性的各种指标。最后，类别Ⅷ为我们如何对其他类别的证据进行归档提供了相应的指导，我们通常可以在介绍一个量表的心理测量学质量的技术手册和其他出版物中找到这些信息。

确定重复的条件（类别Ⅰ）、系统评估误差和不确定性的来源（类别Ⅱ和类别Ⅶ），以及清晰描述可能会影响量表得分精度的各种测量误差的来源（类别Ⅳ），这些都反映了为评估量表得分的不变性而制定的比较宽泛的研究计划。正如西蒙所指出的，"科学的根本目标是寻找不变性"（Simon，1990：1）。为了评估我们的量表在实现不变性测量方面有多成功，研究者系统地探索了量表在各种条件下是否如预期的那样发挥着作用。换句话说，研究者试图寻找会出现不同测量结果的各种评估情境。例如，研究者对 FIE 量表在不同性别和不同国家间的测量不变性进行了研究（Wang，Tanaka，Engelhard，& Rabbitt，in press）。评估个体分数的一致性和不变性的过程可被视为一项持续开展的研究计划的一部分，该研究计划将对作为潜变量测量指标的量表进行批判性的评估。

类别Ⅲ、类别Ⅴ和类别Ⅵ讨论了具体的心理测量指标，这些指标可用于评估量表在各种复现条件（replication conditions）下的一致性和精确度。在经典测验理论中，信度系数（reliability coefficients）这一统计指标常用于评估不同群体量表得分的一致性，而测量的标准误差被用来代表量表得分的精确性。

Rasch 测量理论借助几个相互关联的指标为一致性和精

确性提供了证据。信度通常被定义为量表分数的一致性和精确性,可从以下四个角度来看待:

- 个体得分的信度(在量尺上个体的区分信度);
- 个体测量的精确度(在量尺上测量个体位置的标准误差);
- 题目得分的信度(在量尺上题目的区分信度);
- 题目校标的精确度(在量尺上测量题目位置的标准误差)。

个体区分信度类似于阿尔法(alpha)系数(Cronbach,1951),而测量个体的标准误差则反映了个体分数的精确度。拉姆斯登(Lumsden,1977)对个体信度这一概念提供了有价值的描述,重点强调了个体内部的变异性。题目的区分信度为题目在量尺上的分布情况提供了证据,而测量题目的标准误差则反映了题目校标的精确性。换句话说,题目区分信度表示了 Rasch 量尺对不同被试样本的再现性。如果对个体的测量结果进行分类(例如,粮食不安全程度低、粮食不安全程度高),那么与决策一致性指标相关的其他指标也可为量表分数的使用提供有用的信息。

如前面对效度证据所说的那样,在我们为“量表分数达到了足够高的信度和精确度”这一推论考虑支持证据时,如何选择测量模型也与之相关。

总之,与信度相关的问题涉及个体在重复中的不变性。这一点可以追溯到斯皮尔曼的观点,他指出:“所有知识——除了单独发生的知识——都要考虑一致性的问题”(Spearman,1904:72)。克罗克和阿尔吉纳也有同样的论断:“每当实施一项测验时,测验使用者都希望能确保,如果在类似的情况下再次对相同的人进行测验，其测验结果应该是可以重现的。这种所期望的测验分数的一致性（或再现性）被称为信度。"(Crocker & Algina，1986：105)

公平性

测验的公平性是《测验标准》所包含的最后一个基础领域。根据《测验标准》，"公平性是一个最基本的效度问题，在测验开发和使用的所有阶段我们都要对其进行关注……公平对待被试总体中的所有个体是最重要、最根本的问题。"(*Test Standards*，2014：49)。有关公平性的指导原则如下：

> 测验过程中的所有步骤，包括测验设计、验证、开发、施测和评分，每一步的设计都应最大限度地减少与构念无关的方差（误差），并对预期总体中所有被试，按照预期用途提升对其分数解释的合理性。(*Test Standards*，2014：63)

如表 5.3 所示，《测验标准》从四个相互关联的类别对公平性进行了阐释。

第一个类别强调在量表构建过程中所涉及的所有方面，都要最小化与构念无关的方差。本书的第 2 章讨论了创建 Rasch 量尺的问题，研究者应考虑与每个构建模块相关的公平性问题（图 2.1）。创建 Rasch 量尺的四个模块分别是：确定潜变量、开发一个包括观测指标（如题目）的观测性设计、明确评分规则，以及在最后使用 Rasch 模型对题目进行校标。就潜变量而言,研究者应该考虑这个构念对每个人是否都有相同的含义。例如,与世界上欠发达地区相比,粮食不安全的概念对发达国家的人可能有不同的含义。还有一种情况是:为定义潜变量而选择的特定题目对于不同的子群体可能具有不同的含义,比如对男性和女性,其含义不同(Wang et al., in press)。评分规则也可能需要进行调整,以反映个体和群体差异。最后,我们可以借助 Rasch 模型检测模型-数据拟合度(包括题目功能差异和个体功能差异),以评估潜在的与构念无关的方差来源。

表 5.3　关于公平性的四个类别所涉及的关键问题和证据来源

类　别	关键问题	证据来源
Ⅰ. 测验的设计、开发、施测和评分,每一步都应最大限度地减少影响分数有效解释的障碍	有哪些潜在的与构念无关的方差来源可能导致对相关子群体的分数产生不合适的解释?	对量表的研究计划题目功能差异
Ⅱ. 对预期用途和预设的被试群体,测验分数的解释是有效度的	为确保测验对所有个体的公平性,对分数哪些方面的解释和使用需要特别关注?	个体功能差异
Ⅲ. 通过调整,消除与构念无关的障碍,保证对量表分数的解释符合预期用途	需要做哪些调整以确保对个体分数的解释的效度?	对量表的研究计划甄别与构念无关的障碍
Ⅳ. 防止对分数的解释不符合预期用途	有哪些其他信息来源可用于支持对分数的合理解释和使用?	对量表的研究计划

　　类别Ⅰ和类别Ⅱ都强调了对要测量的目标个体确保解释和使用的公平性的重要性。《测验标准》提到了种族、民族、性别、年龄、社会经济地位、语言和文化背景,这些都是相关的子群体。关于子群体公平性的证据通常借助对题目功

能差异的分析来获取，如第 3 章所述，其中包括对测量不变性的检验（Millsap，2011）。

对公平性的检验常常涉及被试的不同子群体，但怀特也指出个体对公平性问题的重要性："在群体中发现的偏差对群体成员而言从来都不是一致存在的，或者对非群体成员也不是一致不存在的。为了让每个个体在题目偏差分析中得到公平对待，……我们必须在个体层面对更有用的个体拟合度进行分析"（Wright，1984：285）。相关研究也强调了在评估量表公平性时要纳入个体功能差异分析（例如，Engelhard，2009a）。

类别Ⅲ和类别Ⅳ建议考虑如何帮助那些可能无法按预期与测量题目互动的个体来适应测验。其中一些调整措施是显而易见的，例如为视障人士提供盲文形式的量表。很多调整方式需要对量表进行仔细的研究，以确定评估方式的变化是否会改变量表分数本身的含义，从而影响对量表分数的正确使用。

总之，公平性反映了分数含义的不变性："一个公平的测验……反映了对所有应试者都相同的构念，测验分数对所有个体而言都具有相同的含义。"（*Test Standards*，2014：50）

尽管《测验标准》对每个基础领域是分别进行介绍的，但所有这些领域是共同发挥作用的。一些研究者建议所有这些标准可以嵌入一个更具广泛性的效度框架（例如，Messick，1989），但公平性这一基本领域可被视为基于不变性原则实现理想测量的基石。

除了上述三个关键的测量概念，麦斯雷弗（Mislevy，2018）还增加了第四个概念：可比性（comparability）。继梅西克(Messick，1994)之后，他将可比性定义为信度和公平性的延伸，涉及将不同套的题目或表格链接起来以产生可比较的数据和证据。这个主题与第 4 章的内容有关，在第 4 章，我们讨论了关于保持 Rasch 量尺不变性的基本问题。

第 2 节 ｜ 标准设定

　　标准设定是在一个量尺上确定切割分数（也可以称为临界分数或分数线）的一个决策过程。标准设定方法能够帮助我们识别出代表重要里程碑的有意义的类别。例如，未通过还是通过了医生资格认证考试，未通过还是通过了高中毕业考试，以及被归类为粮食安全还是不安全（Tanaka et al.，2019），这些都需要借助标准设定的方法来确定。从本质上讲，可将标准设定视为根据一组精心挑选的专家（评分者）的判断来确定分值的过程，这些专家在一个代表潜变量的连续尺度上确定一个或多个临界分数。标准设定涉及一个评估过程，但这种评估并不是对一套心理测量规则的严格应用。标准设定归属于"使用 Rasch 量尺"这一构件，通过定义一个连续尺度并确定关键的临界分数，进而划分出有意义的类别，从而为相关政策的制定提供信息。

　　在教育测量领域，20 世纪 70 年代将考试用于高中毕业等高风险决策中的现象，极大推动了对标准设定方法的研究（Hambleton，Zenisky，& Popham，2016）。它反映了在赋予考试或量表分数意义方面，常模参照（norm-referenced，NR）和标准参照（criterion-referenced，CR）这两个框架的重要区别。简而言之，NR 框架涉及通过与常模组（norm group）的比较在连续尺度上对一个个体进行定位。NR 分数通常报告为百分位数。而 CR 框架下的分数意义侧重于通过与特定的分数线或标准进行比较,对个体在连续尺度上的位置进行定位(Wright,1993)。CR 分数通常以有序类别的方式来报告,如未通过或通过。类似的标准设定方法经过适当调整后,被用于各种职业资格认证测验中(Buckendahl & Davis-Becker,2012)。

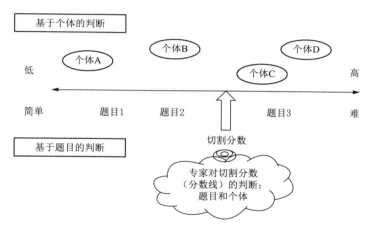

图 5.2 基于对个体或题目的判断设定切割分数的标准设定方法的示意图

CR 视角下的标准设定方法大致可分为两大类:以题目为中心的方法和以个体为中心的方法。以题目为中心的方法要求专家小组成员对每道题目进行评分,判断超过临界分数的个体是否会答对或认可该题目。以个体为中心的方法基于类似的过程,专家根据个体的表现来判断其通过还是不通过。一旦定义了一个连续尺度,我们就可以应用任何一种过程或它们的组合作为具体的标准设定方法。

图 5.2 说明了这两种方法的基本原则。以题目为中心的

方法本质上是要求专家对每一道题目进行审阅，然后来评判一个具备最低能力的个体，即高于切割分数的个体，是否有望在每道题目上成功作答。如果专家判断一个最低能力的个体能通过题目 1 和题目 2，但不会通过题目 3，那么分数线将被设置在连续尺度上的题目 2 和题目 3 之间。采用以个体为中心的判断方法本质上是这个过程的镜像，专家组成员根据一个个体在测验中的表现判断这个人是否会成功（比如通过测验）。如果专家确定个体 A 和个体 B 会失败，而个体 C 和个体 D 会成功，那么分数线就可以设置在个体 B 和个体 C 之间。在每种方法中，我们都需要收集每个专家的判断结果并对其进行汇总，根据汇总结果在连续尺度上设置适当的分数线。恩格尔哈德（Engelhard，2009b）总结了基于 Rasch 测量理论评估标准设定专家组成员判断结果的流程。我们从中选择了四种标准设定方法，它们代表了以题目为中心的方法（安戈夫法和书签法）和以个体为中心的方法（对比群体法和作品集法）之间的基本区别。

以题目为中心的方法要求专家组成员对每一道题目都要做出判断。目前的大多数方法起源于安戈夫的一个脚注：

> （我们）要求每位评判专家给出"最低限度可被接受的个体"（minimally acceptable persons）正确回答每一道题的概率。实际上，评判专家会想一些最低限度可被接受的个体，而不是只想一个这样的个体，然后估计在这些最低限度可被接受的个体中正确回答每一道题的比例是多少。这些概率的总和将代表最低限度可被接受的分数（minimally acceptable score）。（Angoff，1971：515）

　　虽然研究者对安戈夫方法做了各种各样的改进,但焦点却非常清楚,即聚焦于专家成员估计一个最低限度可被接受的个体在代表潜变量或连续尺度的一组题目上的位置。我们可以从 Rasch 测量理论的角度对专家的判断进行评估(Engelhard & Anderson,1998)。

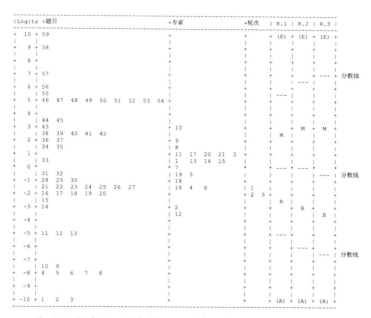

注:A=不达标;B=基本达标;M=达标;E=超过标准。

图 5.3　基于书签法的怀特图(三年级数学考试)

　　另一个常用的基于题目的方法是"书签法"(Bookmark method)(Lewis,Mitzel,Mercado,& Schulz,2012)。值得注意的是,图标法(Mapmark method)是对书签法的一个重要改进(Schulz & Mitzel,2009)。在使用书签法时,需要把题目校标结果(即估计的位置值)呈现给专家(类似于一张仅包含题目的怀特图),这被称为有序的题目册子(ordered item booklet)。专家通过判断对哪些题目,一个处于边界(border-line)的个体(类似于安戈夫方法的最低限度可被接受的个体的概念)很可能会答对,以及哪些题目他/她很可能会答错,来确定临界分数的位置,然后将一张便利贴作为书签放在估计的这个分数线那里。从本质上讲,每一位专家都在创建一个处于边界的个体对题目的作答模式。在书签法的一些改进版本中,专家被要求把对表现水平的描述对应到分数线上(Egan, Schneider, & Ferrara, 2012)。

基于书签法的专家判断也可以采用 Rasch 模型进行评估。恩格尔哈德(Engelhard, 2011)详细介绍了如何应用 Rasch 测量理论来评估专家的判断。该评估旨在根据四种表现水平[A(不达标)、B(基本达标)、M(达标)、E(超过标准)]来衡量三年级学生的数学能力。共有 21 名专家成员对 57 道题目进行了评分。图 5.3 中的怀特图包含了用于划分四种表现水平的三个分数线,并且收集了三轮(R.1—R.3)的专家评判结果。有关该过程的更多信息,请参见恩格尔哈德的研究(Engelhard, 2011)。

下面我们转入"以个体为中心的方法",这种方法主要依据专家对个体表现的判断。我们简要讨论"群体对比法"(Contrasting Groups)(Berk, 1976)和"作品集法"(Body-of-Work)(Kingston, Kahl, Sweeney, & Bay, 2001)。

群体对比法是最早的一种基于个体的方法(Berk, 1976)。该方法首先要求专家检查学生的作业,然后将学生的作业划分到不同的表现类别中。随后找到群体之间具有最大区隔的地方,并在此处设置分数线。

　　而作品集法（Kingston et al.，2001）是一种被广泛使用的根据个体表现来设定标准的方法。作品集法包含以下几个步骤。第一步，专家经过培训理解标准设定过程的目的和目标。第二步，专家投入对范围的探寻（range-finding），以识别出被评判的作品样本在质量上的差异。在这一步，专家将提供第一轮的评分。第三步称为精确定位（pinpointing），该步骤涉及选择和检查额外的作品样本，这些样本更聚焦于从范围探寻中初步得出的表现标准。基于对新作品样本和第一轮总体评分的考量，专家进行第二轮的评分。精确定位这一步可以重复多次进行，每次需要向专家提供关于影响数据（impact data）的附加信息。专家的评分决定着如何将作品样本分配到不同的表现水平中，比如不达标（below basic）、达标（basic）、精通（proficient）和专业（advanced）这四个水平。

　　与基于书签法的专家判断一样，基于作品集法的专家判断也可以采用 Rasch 模型进行评估（Caines & Engelhard，2009）。以对高中学生写作水平的评估为例，有 18 名专家对 17 项证据进行了评分。图 5.4 中的怀特图展示了与学生作业相关的证据集（collection of evidence）、专家在各轮的评分（精确定位和范围探寻）、专家的位置以及最终得到的对学生进行分类的切割分数或分数线。

　　在教育评估和认证测验之外的许多政策背景下，正式的标准设定方法并没有被普遍推广和使用。例如，本书所用的 FIE 量表在用于全球监测时，仅选择量表中的两道特定题目来设定临界分数，过程如下：

```
+------------------------------------------------------------------+
|Logit|证据集        |+轮次        |+专家              | 分类 |
|----+-------------+------------+-----------------+------|
|  5 + 185 241 +              +                 +  (M) |
|    |  129      |            |                 |      |
|    |  199      |            |                 |      |
|    |           |            |                 |      |
|  4 +           +            +                 +      |
|    |           |            |                 |      |
|    |  219      |            |                 |      |
|    |           |            |                 |      |
|  3 +           +            +                 +      |
|    |           |            |                 |      |
|    |  222      |            |                 |      |
|    |           |            |                 |      |
|  2 +           +            +                 +      |
|    |           |            |                 |      |
|    |           |            |  6              |      |
|    |           |            |  15             |      |
|    |  203      |            |                 | --- 分数线
|  1 +  200      +            +                 +      |
|    |           |            |  7  13  14      |      |
|    |  159 216  |  范围探寻  |  16             |      |
|  * 0 *         *            * 1  3  5  8  10 * U *
|    |           |            | 17 18           |      |
|    |           |            |  2  11          |      |
| -1 +  198      +            +                 +      |
|    |  179      |  精确定位  |  4   9          | --- 分数线
|    |           |            | 12              |      |
|    |           |            |                 |      |
| -2 + 148       +            +                 +      |
|    |           |            |                 |      |
|    | 136 186   |            |                 |      |
| -3 +           +            +                 +      |
|    |           |            |                 |      |
|    |           |            |                 |      |
| -4 +           +            +                 +      |
|    | 167 172   |            |                 |      |
|    |           |            |                 |      |
|    |           |            |                 |      |
| -5 +           +            +                 +  (B) |
+------------------------------------------------------------------+
```

注：B＝不达标（below standard）；M＝达到标准（meets standard）；U＝
无法确定（undecide）（U 分类仅在"范围探寻"这一步使用）。

图 5.4   收集证据的怀特图

设定了两个阈值(临界分数):一个阈值用来确定
"是否严重",超过该阈值的被访者将被归类为"中度
(moderate)或重度(severe)的粮食不安全",另一个阈值
则用于确定严重的程度……第一个阈值被设定在"少
吃"(ATE LESS)这一题目上,而第二个阈值被设定在
"全天"(WHOLE DAY)这一题目上。(Caifiero,Viviani,
& Nord,2018:150)

采用这两个临界分数的理由如下:

我们可以将归类为"经历中度或重度粮食不安全"
的个体描述为:因为缺乏充足的食物资源,一年中有些
时候他们吃的食物比应该吃的要少,而且他们当中的
大多数人将经历比较严重的情况。那些被归类为"经历
重度粮食不安全"的人在调查所指的那段时期的很多时
候,有很大的概率一整天都没有东西吃,这种情况的原
因仍然是缺乏充足的资源来采购粮食。(Caifiero,
Viviani,& Nord,2018:150)

图 5.5 呈现了基于第 1 章的数据所绘制的 FIE 量表的怀
特图。

值得注意的是,有 30 人(75%)被归类为轻度(low)至中
度粮食不安全,10 人(25%)被归类为中度至重度粮食不安
全。这 40 个人中没有一个人超过了对应"一整天没有食物
(全天)"这一题目所设定的分数线。

总之,由于标准设定涉及专家的判断,因此它也可以被

看作以评分者为中介的过程，并从这个视角进行评估（En-gelhard，2009b；Engelhard & Wind，2018）。正如怀特所指出的：

> 只有当我们确定了我们想要什么，什么是好的，什么是不好的，什么是多的，什么是少的，我们才能设定一个标准……我们必须建立一条在数量上递增的直线来表示一个变量，该变量是对我们要测量的构念的操作化表示……正是对测验题目的校标结果定义了这条线。（Wright，1993：1）

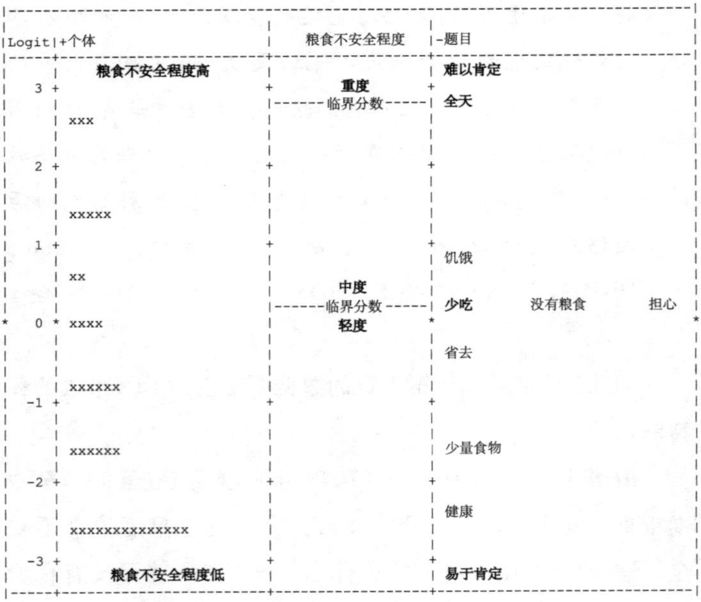

注：这八道题目的完整内容见第 2 章。

图 5.5　FIE 量表的怀特图以及临界分数

第 3 节 | 本章小结

　　本章讨论了与使用 Rasch 量尺相关的几个问题，主要围绕《测验标准》中的三大基石展开——效度、信度和公平性。关于量表的效度、信度和公平性的证据被用于评估与量表分数的解释和使用相关的心理测量学质量。我们重点讨论了不变性测量的概念是如何与每个基础领域相关联的。Rasch 测量理论提供了多种指标，可用于评估量表的测量学质量。表 5.1—表 5.3 总结了这三个基础领域、对应的关键问题，以及与每个领域相关的证据来源。

　　本章还简要介绍了标准设定的方法，因为在一个量尺上创建有序类别的方法经常被用于为政策制定提供信息。一些标准设定方法是基于 Rasch 测量理论的，比如，书签法依赖于经过良好校标的 Rasch 量尺，上面标出了已知的题目位置。我们还通过示例介绍了在标准设定过程中如何利用 Rasch 测量理论来检查专家的判断。设定分数线的方法以及改进方法还有很多，但超出了本章的内容范围。奇泽克（Cizek，2012）对主流的标准设定方法做了非常全面的介绍。

第**6**章

结　论

科学的目的是最大程度地解决实际问题……

(Laudan, 1977:66)

在爱因斯坦的所有理论之下，包括相对论，都是对不变量的探索……科学的目标就是发现不变量。

(Isaacson, 2007:3)

劳登(Laudan, 1977)认为科学的进步建立在成功解决实际问题的基础上。Rasch 测量理论为解决各种测量问题提供了一种方法。而很多测量问题可以从追求不变性测量的角度来理解。在本书中，我们集中讨论了针对几个实际测量问题的解决方案，包括构建 Rasch 量尺（定义潜变量）、评估 Rasch 量尺（检查测量不变性和题目功能差异）、维护 Rasch 量尺的稳定性（等值、链接和翻译量表），以及使用 Rasch 量尺（利用了《测验标准》中的效度、信度和公平性概念以及对表现标准的设定）。

我们把 Rasch 测量理论的观点和对测量问题的解决方法根植于不变性测量的情境中。我们试图寻求具备不变性测量特性的 Rasch 量尺的构建、评估、维护和使用。当模型和数据拟合良好时，不变性测量可以产生"不随题目变化的对个体的测量"以及"不随个体变化的对题目的校标"。我们还想强调,对不满足不变性的情况,我们也非常感兴趣。正如诺齐克所指出的:

> 我认为,所谓客观的事物指的是从不同角度、用不同视角、在不同变换下都能保持不变的东西。然而,很多时候变异性也是特别有趣的。对一个事物,我们可以采取不同的视角(角度越多越好)来观察,既注意到它的哪些特征是客观的和不变的,同时也注意到它的哪些特征是主观的和可变的。(Nozick,2001:102)

在下一节,我们将逐章总结内容要点。之后的部分是我们对和 Rasch 测量理论相关的实践、研究和理论的未来方向的思考。

第 1 节 │ 章节概要

在社会科学研究中会遇到各种各样的测量问题。其中许多问题可以借助 Rasch 测量理论寻找不变性测量的方法来解决。本书围绕量尺开发的四个构件而展开：

- 构建 Rasch 量尺；
- 评估 Rasch 量尺；
- 维护 Rasch 量尺；
- 使用 Rasch 量尺。

在每一章，我们介绍了与这些构件相关的测量问题的例子。本书详细考虑了以下四个测量问题：对潜变量的定义、对题目功能差异的评估、对测量个体的题目之间互换性的检查（链接/等值），以及对标准设定中表现标准（切割分数、分数线）的创建。

在第 1 章，我们首先介绍了不变性测量的概念，然后讲述了测量领域中用于对众多测量模型进行分类的三大研究传统（测验分数、标定和结构传统）。Rasch 测量理论是归属于校标传统的一个测量模型，其重点是创建满足不变性测量要求的单维 Rasch 量尺，具体包括不随题目变化的对个体的测量以及不随个体变化的对题目的校标。

第 2 章讨论了创建 Rasch 量尺的相关细节。本章考虑的一个主要测量问题是如何定义潜变量。关键问题是：基于Rasch测量理论创建一个代表潜变量的怀特图的基本步骤是什么？我们通过图 2.1 所示的四个构建模块（潜变量、观测设计、评分规则和 Rasch 模型）回答了这个问题。我们还以 FIE 量表（Cafiero，Viviani，& Nord，2018）为例，说明了 Rasch 量尺的构建过程。

第 3 章介绍了用于评估 Rasch 量尺心理测量学质量的多种方法。Rasch 测量理论的不变性测量特性只有在模型-数据拟合度良好的情况下才能实现。评估模型-数据拟合度的指标建立在残差分析的基础上，通过对残差进行汇总来检验题目拟合度和个体拟合度。题目功能差异也是一个潜在的测量问题，分析的是哪些因素可能会扭曲 Rasch 量尺的测量结果。在实例分析部分，我们评估了 FIE 量表的模型-数据拟合度。对分数的正确使用与否以及分数的含义如何从根本上取决于是否实现了不变性测量。

第 4 章介绍了另一个构件——维护 Rasch 量尺，以提供不同条件下可比的个体分数。重要的是，要保持 Rasch 量尺在各种条件下的心理测量学质量，并确保 Rasch 测量结果的可比性。许多常见的测量问题，如测验等值、链接以及题目参数漂移（item parameter drift）和量尺漂移（scale drift），都和对量尺的维护有关。一个潜在连续尺度上的题目具有的可互换性是实现个体得分可比性的一个非常重要的特征。我们讨论了在模型-数据拟合度良好的情况下，维护已构建好的 Rasch 量尺稳定性的方法。最终目标是建立通用的量尺，以实现在各种条件（包括不同的题目子集）下获得的个体测量结果是可比的。等值和链接技术可用于解决这个测量问题。

　　一旦 Rasch 量表被应用于实践，很重要的一点是，要考虑与该量表的预期用途相关的问题。第 5 章讨论了如何根据《测验标准》的指南去解释、评估和使用基于 Rasch 量尺得到的个体分数。根据《测验标准》的主题，我们围绕三个基本领域展开讨论：效度、信度和公平性。出于政策制定目的，我们还讨论了如何将 Rasch 测量理论作为框架，用于设定全州教育评估的表现标准，以及设定 FIE 量表的分数线。相关人员在制定粮食不安全全球性政策时，就用到了所设定的 FIE 量表临界分数。

第 2 节 | Rasch 测量理论的应用

在本节,我们首先介绍哪些领域已经使用了 Rasch 测量理论,以及哪些领域可能从 Rasch 量尺的创建和使用中获益。其次,我们简要介绍了一些研究对 Rasch 模型和 Rasch 测量理论的扩展。

图 6.1 显示了 Rasch 测量理论在 21 世纪的引用率稳步增加。使用关键词"Rasch 测量理论"在 Web of Science 数据库的搜索结果表明,从 1990 年至 2019 年 9 月 9 日期间,Rasch 测量理论的总引用量为 847 次。Rasch 测量理论的前五大应用领域依次为:心理学(28%)、医疗科学和服务(15%)、

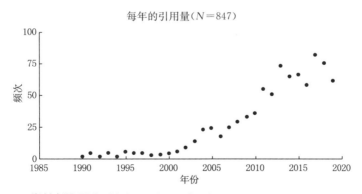

资料来源:Web of Science,September 2019。

图 6.1 以 Rasch 测量理论为主题的研究的引用频次(1990—2019 年)

教育研究（14%）、康复科学（9%）以及环境和职业健康（9%）。阿里亚多斯特和陈（Aryadoust & Tan，2019）系统综述了 Rasch 测量理论在心理学、医学和教育领域的应用。

读者可以参考阿里亚多斯特和陈（Aryadoust & Tan，2019）的论文，以了解更多在各种情境中成功使用 Rasch 测量理论进行量尺开发的实例。表 6.1 列出了一些关于 Rasch 测量理论的研究和应用的经典著作。

随着我们迈向未来，《教育测量》（*Educational Measurement*）第五版（Cook & Pitoniak，in press）也即将出版，新版将包括六大应用领域：（1）教与学；（2）K-12 教育中的问责制；（3）高等教育的录取、分流和结果；（4）资格和认证考试；（5）对内省（intrapersonal）能力和人际（interpersonal）能力的评估；（6）国际评估。Rasch 测量理论可用于解决这些应用领域的相关问题。接下来，我们将对每个领域进行简要评述。读者应该认识到每个应用领域都与测量和评估中的基本问题相关联。

表 6.1　关于 Rasch 测量理论的经典著作（1960—2019 年）

年代	作者	标题
20 世纪 60 年代	Rasch (1960/1980)	*Probabilistic Models for Some Intelligence and Attainment Tests*
20 世纪 70 年代	Wright and Stone (1979)	*Best Test Design：Rasch Measurement*
20 世纪 80 年代	Rasch and Wright (1980)	拉什的著作的再版，带有怀特撰写的前言和后记
	Wright and Masters (1982)	*Rating Scale Analysis：Rasch Measurement*
	Andrich (1988)	*Rasch Models for Measurement*
	Linacre (1989)	*Many-facet Rasch Measurement*
20 世纪 90 年代	Wilson(1992, 1994) （主编）	*Objective Measurement：Theory into Practice (Volumes 1—2)*

续表

年代	作　者	标　题
21 世纪头十年	Fischer and Molenaar（1995）（主编）	*Rasch Models：Foundations，Recent Developments，and Applications*
	Engelhard and Wilson（1996）（主编）	*Objective Measurement：Theory into Practice（Volume 3）*
	Wilson，Engelhard，and Draney（1997）（主编）	*Objective Measurement：Theory into Practice（Volume 4）*
	Wilson and Engelhard（2000）（主编）	*Objective Measurement：Theory into Practice（Volume 5）*
	Bond and Fox（2001）	*Applying the Rasch Model：Fundamental Measurement in the Human Sciences*
	Wilson（2005）	*Constructing Measures：An Item Response Modeling Approach*
21 世纪10 年代	Von Davier and Carstensen（2007）（主编）	*Multivariate and Mixture Distribution Rasch Models*
	Garner，Engelhard，Wilson，and Fisher（2010）（主编）	*Advances in Rasch Measurement（Volume 1）*
	Brown，Drucker，Draney，and Wilson（2011）（主编）	*Advances in Rasch Measurement（Volume 2）*
	Engelhard（2013）	*Invariant Measurement：Using Rasch Models in the Social，Behavioral，and Health Sciences*
	Engelhard and Wind（2018）	*Invariant Measurement with Raters and Rating Scales：Rasch Models for Rater-mediated Assessments*
	Andrich and Marais（2019）	*A Course in Rasch Measurement Theory：Measuring in the Educational，Social and Health Sciences*

注：该清单并不完整，仅体现了在理解 Rasch 测量理论时我们自己的历程。

　　Rasch 测量理论在课堂评估中发挥着重要作用，可以帮助提升教与学。一个典型的例子是加州大学伯克利分校马克·威尔逊(Mark Wilson)教授和他的同事开发的 BEAR 评估系统(Wilson，2009)。他们采用基于 Rasch 测量理论的四个构建模块，创建了 Rasch 量尺和怀特图，这对学习进步情况的概念化和建模发挥了关键作用，从而有助于改善课堂教学和促进学生学习。

问责制是美国教育面临的一个紧迫问题。问责发生在多个层面，而教育测验在对学生、教师和学校的评估中发挥着重要作用。许多测量问题，包括对这些问责制度中所采用的标准的定义，从根本上取决于是否使用了测量质量高的量尺。问责制也越来越多地使用学生成长模型和增值模型来评估教育系统中的学生、教师和学校。Rasch 测量理论可用于支持测量分数的效度、信度和公平性，从而为教育现状改善和学业增进提供决策依据。尤其是表现标准与怀特图相结合，为我们提供了一个汇报教育环境中多层面问责信息的极具吸引力的体系。

高等教育评估对众多决策而言都很重要，包括大学录取、班级分配和问责制度等相关决策。与量尺的其他应用一样，Rasch 测量理论可以在支持这些决策方面发挥重要作用。特别是与当前用于支持高等教育决策的许多量尺相比，Rasch 量尺和经验怀特图具有明显的优势。

测验的另一个常见用途是用于资格和认证考试领域。Rasch 测量理论为建立资格和认证系统提供了在心理测量学意义上严谨的框架，它已被广泛地应用于这些评估系统。与其他领域依赖可靠、有效和公平的分数来为决策提供信息一样，对资格和认证评估量尺的构建、评价和维护也可以基于 Rasch 测量理论来开展。

Rasch 测量理论也被用于开发能够测量各种情感变量的量表。比如,如何用这些量表来测量教育中非常重要的内省能力和人际交往能力,这被认为是一个非常有前景的研究方向。

另一个重要的应用领域涉及 Rasch 测量理论在国际情境下的使用。在本书中,我们分析了在世界各地得到广泛应用的测量粮食不安全状况的量表(Cafiero et al.,2018)。在教育领域也有几个主要的国际评估项目,如国际学生评估项目(PISA)、国际数学和科学趋势研究(TIMSS)和国际阅读素养发展研究(PIRLS)。我们可以根据 Rasch 测量理论对这些国际评估项目的量表进行评估和使用,探索量表的跨文化的不变性,为不同文化背景下教育系统的相关政策的制定提供信息。

第 3 节 ｜ Rasch 模型的概念图

　　本书关注的 Rasch 量尺主要是针对题目答案是二分类的情况而开发的。读者可以通过了解 Rasch 模型的各种扩展形式来继续学习 Rasch 测量理论和不变性测量。图 6.2 总结了 Rasch 家族中几个被广泛认可的模型：二分类（Dichotomous）、部分计分（Partial Credit）、等级量表（Rating Scale）、二项试验（Binomial Trials）、泊松计数（Poisson Counts）和多面（Facets）模型。怀特和马斯特斯（Wright & Masters，1982）对 Rasch 模型的这一家族做了详细介绍，多面模型是林纳克（Linacre，1989）后来添加进来的。

　　Rasch 模型的常见扩展形式出现在几个通用框架中：混合模型、多层模型和多维模型。首先，混合模型通过将潜在类别分析（latent class analysis）与 Rasch 模型相结合，为我们提供了一种非常好的扩展方法（Rost，1990）。这种方法通过检验个体的不同类别是否拟合一个 Rasch 模型来保持不变性测量的原则。例如，罗斯特（Rost，2001）描述了不同层级的广义 Rasch 模型，包括混合 Rasch 模型（多分类数据）、混合线性和逻辑的测验模型、混合多维模型和混合多维线性逻辑模型。本质上，这些扩展模型都是把潜在类别分析与各种

Rasch 模型结合起来而产生的。

多层次模型为 Rasch 测量理论提供了另一种重要的扩展模型(Adams，Wilson，& Wu，1997；Kamata，2001)。它采用多层次建模框架,适应个体作答之外的嵌套数据结构(例如学校、学区和国家),将 Rasch 测量模型拓展到能够包含更高层次的数据,为解决由于作答数据的嵌套结构所导致的相关性以及个体的不变性测量提供了一种方法,同时也能借此检查跨层的协变量。

最后一种扩展模型与多维 Rasch 模型的发展有关。一种方法是通过多分类逻辑(multinomial logit)回归模型的视角来看待 Rasch 模型(Adams & Wilson，1996；Adams，Wilson，& Wang，1997)。多分类逻辑回归模型为我们提供了一种灵活的估计不同模型的方法,这些模型对应于个体和题目所形成的各种设计矩阵。亚当斯和威尔逊(Adams &

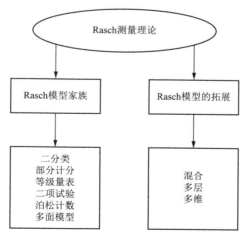

图 6.2　Rasch 模型的概念图

Wilson，1996)开发了一种统一的方法来估计众多 Rasch 模型的参数，包括二分类、等级量表、部分计分和多面模型。此外，多维 Rasch 模型也可以从结构方程建模的角度来分析(Salzberger，2011)。

第 4 节 | **结语**

    本书的目标之一是对一系列测量问题进行描述。测量问题是概念性的,复杂的统计机制可能会使其变得模糊不清,这些统计分析可能是必要的,也可能是不必要的,这一点桑代克(Thorndike,1904)在 20 世纪初就已经指出,但这一问题在 21 世纪初仍然值得被重申。测量不应该是一项神秘的活动,因为它是社会、行为和健康科学领域相关研究、理论和实践的基础。

    使用 Rasch 测量理论所开发的量尺,能反映为各种目的使用该量尺的实践共同体的观点。我们想强调,Rasch 测量理论所产生的量尺代表了实践共同体期望从关键理论构念的测量中获得的东西。测量是社会、行为和健康科学研究和实践的一个重要方面。这些领域进展缓慢的原因之一是,研究人员满足于那些不足以支持理论和应用任务的测量。要想在相关领域取得进展,研究者必须创建有意义的并得到一致认同的量尺来定义实质性理论中的主要构念。不变性测量可以通过 Rasch 量尺得以实现,我们鼓励研究者基于书中所讨论的四个构件积极开发 Rasch 量尺,以用于支持富有成效的研究、理论和实践。

术语表

Infit 误差均方（Infit mean square error）：加权的误差均方统计量，基于残差分析得到的观测到的作答模式和预期的作答模式之间的差异。

Outfit 误差均方（Outfit mean square error）：未加权的误差均方统计量，根据残差分析得到的观测到的作答情况与预期作答之间的差异。

标准化残差（standardized residual）：定义为残差除以其标准差。

标准设定（standard setting）：在一个潜在量尺上确定切割分数（分数线）的方法，这些分数线用于划分表现水平或能力的不同类别。

不变性测量（invariant measurement）：解决测量问题的一种哲学方法，支持了不随题目变化的对个体的测量以及不随个体变化的对题目的校标，可以用变量图（variable map）同时表示这两个方面。

不随个体变化的对题目的校标（person-invariant item calibration）：要求对题目位置的校标（估计）结果应该独立于用于确定该题目在潜变量上位置的特定个体。

不随题目变化的对个体的测量（item-invariant person

measurement)：对个体的测量结果应该独立于用于确定个体在潜变量上位置的特定题目。

残差（residual）：观测反应（作答）与基于模型的预期反应（作答）之间的差异。

测量误差（errors of measurement）：测量值和真实值之间的差异，包括随机误差和系统误差。

测验等值（test equating）：是一种统计分析过程，以确定在同一评价体系中的不同试卷上的分数是可比的。

垂直标定（vertical scaling）：它指的是将在不同教育水平（如不同年级）测量的相同构念的测验分数放在一个共同量尺上的过程。

单维性（unidimensionality）：用于描述个体和题目在一个单一构念上的映射关系，用怀特图来表示。

度量等值（metric equivalence）：测量相同构念的两个量尺经过调整后，被放置在一个共同的连续尺度上。

个体反应函数（person response function）：该函数表示了个体在题目上的反应概率和一组题目之间关系。

个体功能差异（differential person functioning）：用于检查个体（被试）在一组题目上的观测表现和预期表现之间的差异是否超出预期。

公平性（fairness）：开发和使用评估系统时需遵循的规则，公平性意味着无论与构念无关的特征是什么，对个体的测量结果都是可比的。

古特曼标定法（Guttman scaling）：由古特曼提出的检验施测的一组题目是否为单维的一项技术。

古特曼误差（Guttman error）：观测到的作答模式和基于

古特曼标定法得到的预期作答模式之间的量化差异（Edwards，1948）。

怀特图（Wright map）：对被测量构念的可视化表示。怀特图也被称为构念图、题目图、课程图和变量图。

结构方程模型（structural equation modeling，SEM）：它是一种多变量统计分析方法，用于分析观测变量和潜变量之间的结构关系。

经典测验理论（classical test theory，CTT）：一种基于以下观点的测验理论：个体在测验中的观测分数（O）等于真实分数（T）与误差分数（E）之和。

精确度（precision）：与反映模型精确度的信息矩阵相关的概念，建立在测量标准误差的基础上。

可比性（comparability）：将不同题组或不同试卷链接起来，以产生可互换的指标。

粮食不安全经历量表[Food Insecurity Experience（FIE）scale]：粮食不安全经历量表是粮食及农业组织（Food and Agriculture Organization，FAO）通过"饥饿之声"（VoH）项目开发的四个基于个人经历的粮食不安全量表之一。

量尺链接（scale linking）：将题目和个体的测量值放在一个共同的单维连续尺度上的过程。

量尺再现性（scale reproducibility）：为测量相同潜变量而构建的 Rasch 量尺对不同被试样本（跨群体）的一致性。

模型-数据拟合度（model-data fit）：判断调查数据在多大程度上满足一个测量模型的要求。

潜变量（latent variable）：由怀特图测量或表示的潜在的构念。

区分信度(reliability of separation)：介于 0.00 和 1.00 之间的一个值，表示某方面的各个元素之间的区分程度。

三参数逻辑(three-parameter logistic，3PL)**模型**：是一种以题目作答为中心的测量模型，对题目作答采用 logistic 函数来表示，该函数包括题目的三个参数(即难度、区分度和伪猜测度)。

实质性理论(substantive theory)：它是一种为实质性/经验性领域描述一个正式的/概念性的思想而发展的理论。

双参数逻辑(two-parameter logistic，2PL)**模型**：是一种以题目作答为中心的测量模型，对题目作答采用 logistic 函数来表示，该函数包括题目的两个参数(即难度、区分度)。

特定客观性(specific objectivity)：拉什(Rasch，1960/1980)用该术语描述他所谓的不变性测量。这个概念类似于怀特(Wright，1968)使用的客观性测量。

题目参数/量尺漂移(item parameter/scale drift)：对题目参数的估计值随时间变化而发生的差异性的变化。

题目反应函数(item response function)：该函数表示了个体在潜变量上的位置与其在题目上做出积极回答的概率之间的关系。

题目功能差异(differential item functioning)：对在潜变量上处于相同位置的不同子群体(如男性和女性)，检查他们在一道题目上成功作答的条件概率是否有所差异。

维恩图(Venn diagram)：这种图用于呈现有限的几种集合之间所有可能的逻辑关系。

项目反应理论(item response theory，IRT)：根据被试在测验题目上的作答表现和被试的能力水平这二者的关系而建立的测验理论，其中能力是题目预设的要测量的潜变量。

效度(validity)：基于证据做出的评价性判断，以检查评估系统是否支持分数的预期意义和用途。

总分(sum score)：通过对观测到的回答（如正确回答或肯定陈述）进行加总得出的分数。

参考文献

Abelson, R. P. (1995). *Statistics as Principled Argument*. Hillsdale, NJ: Lawrence Erlbaum.

Adams, R. J. & Wilson, M. R. (1996). "Formulating the Rasch Model as a Mixed Coefficients Multinomial Model." In G. Engelhard, Jr. & M. R. Wilson(Eds.), *Objective Measurement: Theory into Practice* (Vol. 3, pp. 143—166). Norwood, NJ: Ablex.

Adams, R. J., Wilson, M., & Wang, W. (1997). "The Multidimensional Random Coefficients Multinomial Logit Model." *Applied Psychological Measurement*, 21(1), 1—23.

Adams, R. J., Wilson, M. R., & Wu, M. L. (1997). "Multilevel Item Response Modelling: An Approach to Errors in Variables Regression." *Journal of Educational and Behavioral Statistics*, 22, 47—76.

American Educational Research Association, American Psychological Association, & National Council on Measurement in Education (2014). *Standards for Educational and Psychological Testing*. Washington, DC: AERA.

Andrich, D. A. (1985). "An Elaboration of Guttman Scaling with Rasch Models for Measurement." In N. B. Tuma(Ed.), *Sociological Methodology*(pp. 33—80). San Francisco, CA: Jossey-Bass.

Andrich, D. A. (1988). *Rasch Models for Measurement*. Thousand Oaks, CA: SAGE.

Andrich, D. A. (1989). "Distinctions between Assumptions and Requirements in Measurement in the Social Sciences." In J. A. Keats, R. Taft, R. A. Heasth, & S. H. Lovibond(Eds.), *Mathematical and Theoretical Systems*(pp. 7—16). North Holland: Elsevier Science.

Andrich, D. A. (2016). "Rasch Rating-scale Model." In W. J. van der Linden (Ed.), *Handbook of Item Response Theory*, *Vol. 1: Models*(pp. 75—94). Boca Raton, FL: CRC Press.

Andrich, D. & Marais, I. (2019). *A Course in Rasch Measurement Theory: Measuring in the Educational*, Social and Health Sciences. Singapore: Springer Nature.

Angoff, W. H. (1971). "Scales, Norms, and Equivalent Scores." In R. L. Thorndike(Ed.), *Educational Measurement* (2nd ed., pp. 508—600).

Washington, DC: American Council of Education.

Aryadoust, V., Tan, H. A. H., & Ng, L. Y.(2019). "A Scientometric Review of Rasch Measurement: The Rise and Progress of a Specialty." *Frontiers in Psychology*, 10, 2197.

Baker, F. B. & Kim, S.(2004). *Item Response Theory: Parameter Estimation Techniques*(2nd ed., revised and expanded). New York, NY: Marcel Dekker.

Baker, F. B. & Kim, S. (2017). *The Basics of Item Response Theory Using*, R. Cham: Springer.

Ballard, T. J., Kepple, A. W., & Cafiero, C.(2013). *The Food Insecurity Experience Scale: Developing a Global Standard for Monitoring Hunger Worldwide* (Technical Paper). Rome, Italy: FAO. Retrieved from http:// www.fao.org/economic/ess/ess-fs/voices/en/.

Berk, R. A.(1976). "Determination of Optimal Cutting Scores in Criterion-referenced Measurement." *Journal of Experimental Education*, 45, 4—9.

Bloom, B. S., Engelhart, M. D., Furst, E. J., Hill, W. H., & Krathwohl, D. R.(1956). "Taxonomy of Educational Objectives: The Classification of Educational Goals." *Handbook 1: Cognitive Domain*. New York, NY: David McKay.

Bollen, K. A. (1989). *Structural Equations with Latent Variables*. New York, NY: Wiley.

Bolt, D. M. & Johnson, T. R.(2009). "Addressing Score Bias and DIF Due to Individual Differences in Response Style." *Applied Psychological Measurement*, 33(5), 335—352.

Bolt, D. M. & Newton, J. R.(2011). "Multiscale Measurement of Extreme Response Style." *Educational and Psychological Measurement*, 71(5), 814—833.

Bond, T. G. & Fox, C. M.(2001). *Applying the Rasch Model: Fundamental Measurement in the Human Sciences*. Mahwah, NJ: Lawrence Erlbaum.

Brown, N. J., Drucker, B., Draney, K., & Wilson, M.(Eds.). (2011). *Advances in Rasch Measurement* (Vol. 2). Maple Grove, MN: JAM Press.

Buckendahl, C. W. & Davis-Becker, S. L.(2012). "Setting Passing Standards for Credentialing Programs." In G. J. Cizek(Ed.), *Setting Performance*

Standards: Concepts, Methods, and Perspectives (pp. 485—501). Mahwah, NJ: Lawrence Erlbaum.

Cafiero, C., Viviani, S., & Nord, M.(2018). "Food Security Measurement in a Global Context: The Food Insecurity Experience Scale." *Measurement*, 116, 146—152.

Caines, J. & Engelhard, G.(2009). "Evaluating Body of Work Judgments of Standard-setting Panelists." Paper Presented at the Annual Meeting of the American Educational Research Association, San Diego, CA.

Camilli, G. (2013). "Ongoing Issues in Test Fairness." *Educational Research and Evaluation*, 19(2—3), 104—120.

Cizek, G. J.(Ed.).(2012). *Setting Performance Standards: Foundations, Methods and Innovation*(2nd ed.). New York, NY: Routledge.

Cizek, G. J. & Bunch, M. B.(2007). *Standard Setting: A Guide to Establishing and Evaluating Performance Standards on Tests*. Thousand Oaks, CA: SAGE.

Cliff, N. (1983). "Evaluating Guttman Scales: Some Old and New Thoughts." In H. Wainer & S. Messick(Eds.), *Principles of Modern Psychological Measurement: A Festschrift for Frederic M. Lord* (pp.283—301). Hillsdale, NJ: Lawrence Erlbaum.

Cohen, A. S. & Kim, S. H.(1993). "A Comparison of Lord's χ^2 and Raju's Area Measures in Detection of DIF." *Applied Psychological Measurement*, 17(1), 39—52.

Coleman-Jensen, A., Rabbitt, M., Gregory, C., & Singh, A. (2015). *Household Food Security in the United States in 2014*(Economic Research Rep. No. ERR-194). Washington, DC: U.S. Department of Agriculture, Economic Research Service.

Cook, L. & Pitoniak, M. J. (Eds.). (in press). *Educational Measurement* (5th ed.).

Crocker, L. & Algina, J.(1986). *Introduction to Classical and Modern Test Theory*. New York, NY: Holt, Rinehart and Winston.

Cronbach, L. J. (1951). "Coefficient Alpha and the Internal Structure of Tests."*Psychometrika*, 16, 297—334.

Cronbach, L. J., Gleser, G. C., Nanda, H., & Rajaratnam, N. (1972). *The Dependability of Behavioral Measurements: Theory of Generalizability for Scores and Profiles*. New York, NY: Wiley.

Derrick, B., Toher, D., & White, P.(2016). "Why Welch's Test is Type I

Error Robust." *The Quantitative Methods in Psychology*, 12(1), 30—38.

Dorans, N. J. & Holland, P. W.(1993). "DIF Detection and Description: Mantel-Haenszel and Standardization." In P. W. Holland & H. Wainer (Eds.), *Differential Item Functioning* (pp. 35—66). Hillsdale, NJ: Lawrence Erlbaum.

Dorans, N. J. & Kulick, E.(1983). *Assessing Unexpected Differential Item Performance of Female Candidates on SAT and TSWE Forms Administered in December, 1977: An Application of the Standardization Approach* (ETS Research Rep. No. RR-83-9). Princeton, NJ: Educational Testing Service.

Dorans, N. J. & Kulick, E.(1986). "Demonstrating the Utility of the Standardization Approach to Assessing Unexpected Differential Item Performance on the Scholastic Aptitude Test." *Journal of Educational Measurement*, 23(4), 355—368.

Dorans, N. J. & Schmitt, A. J.(1991). *Constructed Response and Differential Item Functioning: A Pragmatic Approach* (Research Rep. No.91—47). Princeton, NJ: Educational Testing Service.

Edwards, A. L.(1948). "On Guttman's Scale Analysis." *Educational and Psychological Measurement*, 8(3—1), 313—318.

Egan, K. L., Schneider, M. C., & Ferrara, S.(2012). "Performance Level Descriptors: History, Practice, and a Proposed Framework." In G. J. Cizek(Ed.), *Setting Performance Standards: Concepts, Methods, and Perspectives* (pp.79—106). Mahwah, NJ: Lawrence Erlbaum.

Engelhard, G.(2005). "Guttman Scaling." In K. Kempf-Leonard(Ed.), *Encyclopedia of Social Measurement* (Vol.2, pp.167—174). San Diego, CA: Academic Press.

Engelhard, G.(2008a). "Historical Perspectives on Invariant Measurement: Guttman, Rasch, and Mokken [Focus article]." *Measurement: Interdisciplinary Research and Perspectives*, 6, 1—35.

Engelhard, G.(2008b). "Differential Rater Functioning." *Rasch Measurement Transactions*, 21(3), 11—24.

Engelhard, G., Jr.(2009a). "Using Item Response Theory and Model-data Fit to Conceptualize Differential Item and Person Functioning for Students with Disabilities." *Educational and Psychological Measurement*, 69(4), 585—602.

Engelhard, G. (2009b). "Evaluating the Judgments of Standard-setting Panelists Using Rasch Measurement Theory." In E. V. Smith, Jr. & G. E. Stone(Eds.), *Criterion Referenced Testing: Practice Analysis to Score Reporting Using Rasch Measurement Models* (pp. 312—346). Maple Grove, MN: JAM Press.

Engelhard, G. (2011). "Evaluating the Bookmark Judgments of Standard-setting Panelists." *Educational and Psychological Measurement*, 71 (6), 909—924.

Engelhard, G. (2013). *Invariant Measurement: Using Rasch Models in the Social, Behavioral, and Health Sciences*. New York, NY: Routledge.

Engelhard, G. & Anderson, D. W. (1998). "A Binomial Trials Model for Examining the Ratings of Standard-setting Judges." *Applied Measurement in Education*, 11(3), 209—230.

Engelhard, G., Engelhard, E., & Rabbitt, M. P. (2016). "Measurement of Household Food Insecurity: Two Decades of Invariant Measurement." *Rasch Measurement Transactions*, 30(3), 1598—1599.

Engelhard, G., Jr. & Perkins, A. F. (2011). "Person Response Functions and the Definition of Units in the Social Sciences." *Measurement: Interdisciplinary Research and Perspectives*, 9, 40—45.

Engelhard, G. & Wilson, M. (Eds.). (1996). *Objective Measurement: Theory into Practice* (Vol.3). Norwood, NJ: Ablex.

Engelhard, G. & Wind, S. A. (2018). *Invariant Measurement with Raters and Rating Scales: Rasch Models for Rater-mediated Assessments*. New York, NY: Routledge.

Fischer, G. H. & Molenaar, I. W. (Eds.). (1995). *Rasch Models: Foundations, Recent Developments, and Applications*. New York, NY: Springer.

Garner, M., Engelhard, G., Wilson, M., & Fisher, W. (Eds.). (2010). *Advances in Rasch Measurement* (Vol. 1). Maple Grove, MN: JAM Press.

Guttman, L. (1944). "A Basis for Scaling Qualitative Data." *American Sociological Review*, 9(2), 139—150.

Guttman, L. L. (1947). "On Festinger's Evaluation of Scale Analysis." *Psychological Bulletin*, 44(5), 451.

Guttman, L. (1950). "The Basis for Scalogram Analysis." In S. A. Stouffer, L. Guttman, E. A. Suchman, P. F. Lazarsfeld, S. A. Star, & J. A.

Clausen(Eds.), *Measurement and Prediction* (Vol. IV, pp. 60—90). Princeton, NJ: Princeton University Press.

Hambleton, R. K., Zenisky, A. L., & Popham, W. J.(2016). "Criterion-referenced Testing: Advances over 40 Years." In C. S. Wells & M. Faulker-Bond(Eds.), *Educational Measurement: From Foundations to Future*(pp.23—37). New York, NY: Guilford Press.

Hamm, C., Schulz, M., & Engelhard, G.(2011). "Standard Setting for the National Assessment of Educational Progress: Evidence Regarding the Transition from Angoff-based to Bookmark-based Methods." *Educational Measurement: Issues and Practice*, 30(2), 3—14.

Holland, P. W. & Wainer, H.(1993). *Differential Item Functioning*. Hillsdale, NJ: Lawrence Erlbaum.

Isaacson, W.(2007). *Einstein: His Life and Universe*. New York, NY: Simon & Schuster.

Jennings, J. K.(2017). *A Nonparametric Method for Assessing Model-data Fit in Rasch Measurement Theory*(Doctoral dissertation). University of Georgia, Athens.

Kamata, A.(2001). "Item Analysis by the Hierarchical Generalized Linear Model." *Journal of Educational Measurement*, 38, 79—93.

Karabatsos, G.(2000). "A Critique of Rasch Residual Fit Statistics." *Journal of Applied Measurement*, 1(2), 152—176.

Kingston, N. M., Kahl, S. R., Sweeney, K., & Bay, L.(2001). "Setting Performance Standards Using the Body of Work Method." In G. J. Cizek (Ed.), *Setting Performance Standards: Concepts, Methods, and Perspectives*(pp.219—248). Mahwah, NJ: Lawrence Erlbaum.

Kolen, M. J. & Brennan, R. L.(2004). *Test Equating, Scaling, and Linking: Methods and Practices*. New York, NY: Springer.

Lane, S., Raymond, M. R., & Haladyna, T. M.(2016). *Handbook of Test Development*(2nd ed.). New York, NY: Routledge.

Laudan, L.(1977). *Progress and its Problems: Toward a Theory of Scientific Change*. Berkeley, CA: University of California Press.

Lazarsfeld, P. F.(1958). "Evidence and Inference in Social Research." In D. Lerner(Ed.), *Evidence and Inference* (pp.107—138). Glencoe, IL: Free Press.

Lazarsfeld, P. F.(1966). "Concept Formation and Measurement in the Behavioral Sciences: Some Historical Observations." In G. J. Direnzo

(Ed.), *Concepts, Theory, and Explanation in the Behavioral Sciences* (pp.144—202). New York, NY: Random House.

Lewis, D. M., Mitzel, H. C., Mercado, R. L., & Schulz, E. M. (2012). "The Bookmark Standard Setting Procedure." In G. J. Cizek(Ed.), *Setting Performance Standards: Concepts, Methods, and Perspectives* (pp.225—253). Mahwah, NJ: Lawrence Erlbaum.

Linacre, J. M. (1989). *Many-faceted Rasch Measurement*. Chicago, IL: MESA Press.

Linacre, J. M. (2018a). *Facets Computer Program for Many-facet Rasch Measurement, Version 3.81.0*. Beaverton, OR: Winsteps.com.

Linacre, J. M. (2018b). *Facets Rasch Measurement Computer Program User's Guide*. Beaverton, OR: Winsteps.com.

Lord, F. M.(1977). "A Study of Item Bias, Using Item Characteristic Curve Theory." In Y. H. Poortinga(Ed.), *Basic Problems in Cross-cultural Psychology* (pp. 19—29). Amsterdam, the Netherlands: Swets & Zeitlinger.

Lord, F. M. (1980). *Applications of Item Response Theory to Practical Testing Problems*. Hillsdale, NJ: Lawrence Erlbaum.

Lumsden, J.(1957). "A Factorial Approach to Unidimensionality." *Australian Journal of Psychology*, 9(2), 105—111.

Lumsden, J.(1977). "Person Reliability." *Applied Psychological Measurement*, 1(4), 477—482.

Mantel, N. & Haenszel, W.(1959). "Statistical Aspects of the Analysis of Data from Retrospective Studies of Disease." *Journal of the National Cancer Institute*, 22(4), 719—748.

Masters, G. N. (2016). "Partial Credit Model." In W. J. van der Linden (Ed.), *Handbook of Item Response Theory, Vol.1: Models*(pp.109—126). Boca Raton, FL: CRC Press.

McIver, J. & Carmines, E. G. (1981). *Unidimensional Scaling* (Vol.24). Thousand Oaks, CA: SAGE.

Messick, S.(1989). "Meaning and Values in Test Validation: The Science and Ethics of Assessment." *Educational Researcher*, 18(2), 5—11.

Messick, S. (1994). "The Interplay of Evidence and Consequences in the Validation of Performance Assessments." *Educational Researcher*, 23 (2), 13—23.

Messick, S.(1995). "Standards of Validity and the Validity of Standards in

Performance Assessment." *Educational Measurement: Issues and Practice*, 14(4), 5—8.

Millsap, R. E. (2011). *Statistical Approaches to Measurement Invariance*. New York, NY: Routledge.

Mislevy, R. J. (2018). *Sociocognitive Foundations of Educational Measurement*. New York, NY: Routledge.

Moss, P. A. (1992). "Shifting Conceptions of Validity in Educational Measurement: Implications for Performance Assessment." *Review of Educational Research*, 62(3), 229—258.

Nozick, R. (2001). *Invariances: The Structure of the Objective World*. Cambridge, MA: Harvard University Press.

Osterlind, S. J. &. Everson, H. T. (2009). *Differential Item Functioning* (Vol.161).Thousand Oaks, CA: SAGE.

Penfield, R. &. Camilli, G. (2006). "Differential Item Functioning and Item Bias." In C. R. Rao, &. S. Sinharay (Eds.), *Handbook of Statistics: Psychometrics* (Vol. 26, pp.125—167). Amsterdam, the Netherlands: Elsevier.

Perkins, A. F. &. Engelhard, G. (2013). "Examining Erasures in a Large-scale Assessment of Mathematics and Reading." Paper Presented at the Annual Meeting of the American Educational Research Association, San Francisco.

Potenza, M. T. &. Dorans, N. J. (1995). "DIF Assessment for Polytomously Scored Items: A Framework for Classification and Evaluation." *Applied Psychological Measurement*, 19(1), 23—37.

Raju, N. S. (1988). "The Area between Two Item Characteristic Curves." *Psychometrika*, 53(4), 495—502.

Rasch, G. (1960/1980). *Probabilistic Models for Some Intelligence and Attainment Tests*. Copenhagen, Denmark: Danish Institute for Educational Research (Expanded edition, Chicago, IL: University of Chicago Press).

Rasch, G. (1961). "On General Laws and Meaning of Measurement in Psychology." In J. Neyman (Ed.), *Proceedings of the Fourth Berkeley Symposium on Mathematical Statistics and Probability* (pp.321—333). Berkeley, CA: University of California Press.

Rasch, G. (1977). "On Specific Objectivity: An Attempt at Formalizing the Request for Generality and Validity of Scientific Statements." *Danish Yearbook of Philosophy*, 14, 58—94.

Raykov, T. & Marcoulides, G. A. (2011). *Introduction to Psychometric Theory*. New York, NY: Routledge.

Rost, J. (1990). "Rasch Models in Latent Class Analysis: An Integration of Two Approaches to Item Analysis." *Applied Psychological Measurement*, 14, 271—282.

Rost, J. (2001). "The Growing Family of Rasch Models." In A. Boomsa, M. A. J. van Duijn & T. A. B. Snijders (Eds.), *Essays on Item Response Theory* (pp. 25—42). New York, NY: Springer.

Ruxton, G. D. (2006). "The Unequal Variance *t*-Test Is an Underused Alternative to Student's *t*-Test and the Mann—Whitney *U* Test." *Behavioral Ecology*, 17(4), 688—690.

Salzberger, T. (2011). *Specification of Rasch-based Measures in Structural Equation Modelling (SEM)*. Retrieved from www. wu. ac. at/marketing/mbc/download/Rasch_SEM.pdf.

Schulz, E. M. & Mitzel, H. (2009). "A Mapmark Method of Standard Setting as Implemented for the National Assessment Governing Board." In E. V. Smith, Jr. & G. E. Stone (Eds.), *Criterion Referenced Testing: Practice Analysis to Score Reporting Using Rasch Measurement Models* (pp. 1—42). Maple Grove, MN: JAM Press.

Shealy, R. T. & Stout, W. F. (1993). "A Model-based Standardization Approach that Separates True Bias/DIF from Group Ability Differences and Detects Test Bias/DIF as Well as Item Bias/DIF." *Psychometrika*, 58(2), 159—194.

Simon, H. A. (1990). "Invariants of Human Behavior." *Annual Review of Psychology*, 41, 1—19.

Smith, R. M. & Hedges, L. V. (1982). "A Comparison of Likelihood Ratio χ^2 and Pearsonian χ^2 Tests of Fit in the Rasch Model." *Educational Research and Perspectives*, 9, 44—54.

Spearman, C. (1904). "'General Intelligence,' Objectively Determined and Measured." *American Journal of Psychology*, 15, 201—293.

Stevens, S. S. (1951). "Mathematics, Measurement and Psychophysics." In S. S. Stevens (Ed.), *Handbook of Experimental Psychology* (pp. 1—49). New York, NY: Wiley.

Stone, M. H., Wright, B. D., & Stenner, J. A. (1999). "Mapping Variables." *Journal of Outcome Measurement*, 3(4), 308—322.

Tanaka, V., Engelhard, G., & Rabbitt, M. P. (2019). "Examining Differential Item Functioning in the Household Food Insecurity Scale: Does Participation in SNAP Affect Measurement Invariance?" *Journal of Applied Measurement*, 20(1), 100—111.

Thissen, D., Steinberg, L., & Wainer, H.(1993). "Detection of Differential Item Functioning Using the Parameters of Item Response Models." In P. W. Holland & H. Wainer (Eds.), *Differential Item Functioning* (pp.67—113). Hillsdale, NJ: Lawrence Erlbaum.

Thorndike, E. L.(1904). *An Introduction to the Theory of Mental and Social Measurements*. New York, NY: Teachers College, Columbia University.

Thurstone, L. L. (1927). "The Method of Paired Comparisons for Social Values." *Journal of Abnormal and Social Psychology*, 21, 384—400.

Traub, R.(1997). "Classical Test Theory in Historical Perspective." *Educational Measurement: Issues and Practice*, 16(10), 8—13.

Van der Linden, W. J. (Ed.). (2016). Preface. In *Handbook of Item Response Theory*, Vol.2: Models(pp. xviii—xix). Boca Raton, FL: CRC Press.

Von Davier, M. & Carstensen, C. H. (Eds.). (2007). *Multivariate and Mixture Distribution Rasch Models*. New York, NY: Springer.

Wang, J. & Engelhard, G.(2019). "Digital ITEMS Module 10: Introduction to Rasch Measurement Theory." *Educational Measurement: Issues and Practice*, 38(4), 112—113.

Wang, J., Tanaka, V., Engelhard, G., & Rabbitt, M. P. (in press). "An Examination of Measurement Invariance Using a Multilevel Explanatory Rasch Model." *Measurement: Interdisciplinary Research and Perspectives*.

Welch, B. L.(1947). "The Generalization of Students' Problem When Several Different Population Variances Are Involved." *Biometrika*, 34(1/2), 28—35.

Wells, C. S. & Hambleton, R. K.(2016). "Model Fit with Residual Analyses." In W. J. van der Linden(Ed.), *Handbook of Item Response Theory, Vol.2: Models*(pp.395—413). Boca Raton, FL: CRC Press.

Wilson, M. (Ed.). (1992). *Objective Measurement: Theory into Practice* (Vol.1).Norwood, NJ: Ablex.

Wilson, M. (Ed.). (1994). *Objective Measurement: Theory into Practice* (Vol.2).Norwood, NJ: Ablex.

Wilson, M. (2005). *Constructing Measures: An Item Response Modeling Approach* (2nd ed.). Mahwah, NJ: Lawrence Erlbaum.

Wilson, M. (2009). "Measuring Progressions: Assessment Structures Underlying a Learning Progression." *Journal for Research in Science Teaching*, 46, 716—730.

Wilson, M. (2011). "Some Notes on the Term: 'Wright Map'." *Rasch Measurement Transactions*, 25(3), 1331.

Wilson, M. & Engelhard, G. (Eds.). (2000). *Objective Measurement: Theory into Practice* (Vol.5). Stamford, CT: Ablex.

Wilson, M., Engelhard, G., & Draney, K. (Eds.). (1997). *Objective Measurement: Theory into Practice* (Vol.4). Norwood, NJ: Ablex.

Wilson, M. & Fisher, W. P. (Eds.). (2017). *Psychological and Social Measurement: The Career and Contributions of Benjamin D. Wright*. New York, NY: Springer.

Wollack, J. A., Cohen, A. S., & Eckerly, C. A. (2015). "Detecting Test Tampering Using Item Response Theory." *Educational and Psychological Measurement*, 75(6), 931—953.

Wright, B. D. (1968). "Sample-free Test Calibration and Person Measurement." In *Proceedings of the 1967 Invitational Conference on Testing Problems* (pp.85—101). Princeton, NJ: Educational Testing Service.

Wright, B. D. (1980). "Foreword and Afterword." In G. Rasch(Ed.), *Probabilistic Models for Some Intelligence and Attainment Tests* (pp. ix—xix, 185—196). Chicago, IL: University of Chicago Press.

Wright, B. D. (1984). "Despair and Hope for Educational Measurement." *Contemporary Education Review*, 3(1), 281—288.

Wright, B. D. (1993). *How to Set Standards*. Retrieved March 15, 2019, from https://www.rasch.org/memo77.pdf.

Wright, B. D. & Masters, G. N. (1982). *Rating Scale Analysis: Rasch Measurement*. Chicago, IL: MESA Press.

Wright, B. D. & Masters, G. N. (1984). "The Essential Process in a Family of Measurement Models." *Psychometrika*, 49, 529—544.

Wright, B. D. & Stone, M. H. (1979). *Best Test Design: Rasch Measurement*. Chicago, IL: MESA Press.

译名对照表

classical test theory	经典测验理论
differential item functioning	题目功能差异
differential person functioning	个体功能差异
generalizability theory	概化理论
mean square error	误差均方
item response function	题目反应函数
invariant measurement	不变性测量
item-invariant person measurement	不随题目变化的对个体的测量
person-invariant item calibration	不随个体变化的对题目的校标
person response function	个体反应函数
scale linking	量尺链接
specific objectivity	特定客观性
test equating	测验等值
calibration	校标
scaling	标定
construct	构念
standard setting	标准设定
Rasch scale	Rasch 量尺
residual	残差
cut score	切割分数(分数线)
item parameter drift	题目参数漂移
model-data fit	模型-数据拟合度

图书在版编目(CIP)数据

解决测量问题的 Rasch 模型：社会科学中的不变性测量／（美）乔治·恩格尔哈德，（美）王珏著；朱晓文译.
上海：格致出版社：上海人民出版社，2025. --（格致方法·定量研究系列）. -- ISBN 978-7-5432-3642-4

Ⅰ. C32

中国国家版本馆 CIP 数据核字第 2025T5C523 号

责任编辑　顾　悦　杨捷婷

格致方法·定量研究系列

解决测量问题的 Rasch 模型:社会科学中的不变性测量

[美]乔治·恩格尔哈德　王珏 著

朱晓文 译

出　　版　格致出版社
　　　　　上海人民出版社
　　　　　（201101　上海市闵行区号景路 159 弄 C 座）
发　　行　上海人民出版社发行中心
印　　刷　浙江临安曙光印务有限公司
开　　本　920×1168　1/32
印　　张　6
字　　数　118,000
版　　次　2025 年 3 月第 1 版
印　　次　2025 年 3 月第 1 次印刷
ISBN 978－7－5432－3642－4/C·330
定　　价　52.00 元

Rasch Models for Solving Measurement Problems: Invariant Measurement in the Social Sciences
by George Engelhard, Jr., Jue Wang
English language editions published by SAGE Publications of Thousand Oaks, London, New Delhi, Singapore and Washington D.C., © 2021 by SAGE Publications, Inc.

This simplified Chinese edition for the People's Republic of China is published by arrangement with SAGE Publications, Inc. © SAGE Publications, Inc. & TRUTH & WISDOM PRESS 2025.

本书版权归 SAGE Publications 所有。由 SAGE Publications 授权翻译出版。
上海市版权局著作权合同登记号:图字 09-2022-0272

格致方法·定量研究系列